ERIK

Hommage au *Fantôme de l'Opéra* de Gaston Leroux
Textes & Illustrations réunis par Jean-Marc Lofficier

Couverture :
Pete Von Sholly

COLLECTION
« RIVIERE BLANCHE »

BLACK COAT PRESS

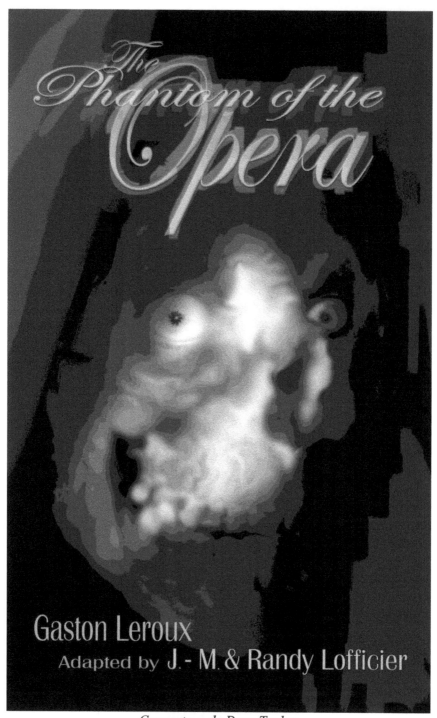

Couverture de Dave Taylor

ISBN 978-1-64932-371-2. © 2025 Jean-Marc Lofficier et les auteurs. Couverture © 2025 Pete Von Sholly. Première publication : Janvier 2025. Edité par Black Coat Press, une division d'Hollywood Comics.com, LLC, 18321 Ventura Blvd., Suite 915, Tarzana, CA 91356, U.S.A. Tous droits réservés pour tous pays. En application de la loi du 11 mars 1957, il est interdit de reproduire intégralement ou partiellement le présent ouvrage sans l'autorisation expresse des auteurs. Printed in England.

Introduction

Le Fantôme de l'Opéra de Gaston Leroux parut d'abord en feuilleton dans le journal *Le Gaulois* du 23 septembre 1909 au 8 janvier 1910, puis fut réédité en volume chez Pierre Lafitte en mars 1910.

(La version en feuilleton contient un chapitre entier (« *L'enveloppe magique* ») qui ne figure pas dans la version livre, bien que la majorité de son contenu ait été rajouté par Leroux dans d'autres chapitres.)

L'histoire se déroule « *il y a trente ans* », soit vers 1880. L'Opéra de Paris est alors hanté par une mystérieuse silhouette fantomatique qui apparaît et disparaît à volonté, et qui fait chanter ses directeurs afin qu'ils lui réservent une loge spéciale, la n° 5, et lui versent une prime de « protection ».

Le récit tourne au tragique quand un machiniste est retrouvé mort, assassiné dans les caves labyrinthiques de l'Opéra. Le Fantôme semble également obsédé par le talent de la belle et jeune chanteuse Christine Daae, pour qui il est « l'ange de la musique ».

Lorsque de nouveaux directeurs refusent de céder à ses exigences, qui incluent celle de confier à Christine un rôle principal, le Fantôme fait s'écraser l'immense lustre de l'Opéra durant une représentation.

(En 1896, l'acte I de l'opéra *Hellé* venait juste de se terminer lorsqu'un incendie dans la toiture de l'Opéra fit fondre un fil qui retenait le contrepoids du lustre, provoquant la chute de ce dernier, accident qui fit plusieurs blessés et un mort.)

Christine tombe alors amoureuse du jeune et beau Raoul de Chagny, mais a peur d'attiser la jalousie de son « ange ». Lors d'un bal masqué, les deux amants sont poursuivis par le Fantôme, déguisé en la Mort Rouge d'Edgar Allan Poe, qui enlève ensuite Christine. Raoul cherche désespérément à la sauver mais ne sait pas comment naviguer dans les dessous de l'Opéra.

Il trouve un allié inattendu en la personne du Daroga, ancien chef de police persan qui a jadis sauvé la vie du Fantôme — dont le nom est Erik — et lui a permis de s'échapper du Sultanat de Mazenderan après qu'il ait été condamné à mort par le Sultan qui ne voulait pas qu'Erik révèle les secrets du palais qu'il avait construit pour lui.

Par la bouche du Daroga, Leroux nous apprend qu'Erik est né vers 1830 près de Rouen, défiguré, et qu'il a fini par rejoindre un cirque et a voyagé avec des gitans jusqu'à Nijni Novgorod en Sibérie. De là, il s'est rendu à Mazenderan en Perse, puis à Constantinople, avant de revenir en France, où il devint secrètement l'un des entrepreneurs travaillant sur l'Opéra de Paris. Il profita de la Commune de 1870 pour se construire un royaume privé sous le célèbre monument.

Le Persan et Raoul pénètrent dans les cavernes situées sous l'Opéra et parviennent enfin à la résidence d'Erik, qui est entourée d'un lac souterrain. Mais ils sont enfermés par Erik dans une chambre de torture diabolique aux murs faits de miroirs. Ils assistent, impuissants, au sacrifice de Christine qui accepte d'épouser Erik pour sauver la vie de Raoul.

Ému par sa compassion sincère et son amour pour Raoul, Erik libère enfin ses prisonniers et laisse Christine partir avec son jeune amant. Le roman se termine par l'annonce de la mort de la mort du Fantôme.

Le roman de Leroux a donné lieux à de très nombreuses adaptations dans pratiquement tous les media. Nous nous contenterons de mentionner ici le film muet des studios Universal de 1925, avec en vedette Lon Chaney dans le rôle du Fantôme, et la comédie musicale d'Andrew Lloyd Webber de 1986, qui fait honneur au texte original tout en créant une histoire qui a résonné profondément parmi le public.

En 2004, *Le Fantôme de l'Opéra* a fait l'objet d'une nouvelle traduction par Jean-Marc & Randy Lofficier, publiée par Black Coat Press, et accompagnée d'une cinquantaine d'illustrations de dessinateurs américains et européens, demeurées inédites en France. Ce sont ces illustrations que nous publions ici, ainsi qu'une sélection de nouvelles mettant en scène Erik, extraites des *Compagnons de l'Ombre*.

Jean-Marc Lofficier

Hilary Barta

Luciano Bernasconi

Stephen R. Bissette

Bret Blevins

Mark Bodé

Fernando Calvi

Douglas Carrel

Caza

Mike Collins

Gianluca Costantini

Rich Faber

Seth Fisher

Jean-Marc Lofficier : *Les Yeux de son père*

Écosse, 1800

Rosemary avait passé une nuit horrible, recroquevillée sur sa misérable paillasse. Elle croyait entendre les crissements de la vermine qui rongeait le matelas répugnant de crasse qu'elle avait trouvé dans le coin le moins humide de la cabane. Elle n'arrivait pas à trouver le sommeil ; la nuit s'allongeait, interminable et suffocante. Avec une régularité impitoyable, des gouttes d'eau, infiltrées entre les poutres du toit, tombaient sur le sol boueux de sa prison, marquant l'écoulement du temps tel un métronome. Au dehors, le vent d'Écosse hurlait sur la lande déserte. L'orage, venu de la Mer du Nord, se rapprochait ; le sifflement de la bise à travers les planches mal ajustées de la cabane, évoquait pour la jeune fille, en proie à d'horribles cauchemars, les anciennes malédictions qui planaient encore sur ce sombre pays.

Rosemary se retournait sur son grabat, angoissée et impatiente. Bien qu'assommée par la peur et la fatigue, le refuge pitoyable du sommeil lui échappait sans cesse. La torche qu'IL avait accrochée près de la porte, après s'être consumée pendant plus d'une heure, finit par s'éteindre ; la cabane fut alors plongée dans les ténèbres.

Rosemary pensa qu'elle deviendrait folle en entendant de petits bruits discrets dans les poutres au-dessus de sa tête — s'agissait-il de rats ? Ou, pire encore, d'horribles araignées occupées à leur tâche impitoyable ?

Rosemary ne sut jamais combien d'heures s'étaient écoulées quand elle perçut à nouveau le bruit de SES pas. Ce n'était pas encore l'aube, car elle ne vit pas de lumière filtrer entre les planches de la cabane. De fait, ses sens exacerbés, qui captaient tout ce qui se passait au dehors, avaient pressenti SON retour avant même qu'elle n'entendit SES pas.

Sa respiration se fit plus rapide ; son cœur se mit à battre la chamade dans sa poitrine. Elle L'entendit enlever la poutre qui verrouillait la porte. Elle puisa en elle-même assez de courage pour faire face à SA terrifiante présence et SES diaboliques yeux jaunes.

La poutre tomba au sol. La porte, qui ne tenait plus que par une charnière, s'ouvrit. IL apparut alors sur le seuil, tenant à la main une nouvelle torche, qu'IL accrocha à la place de celle qui venait de se consumer. SON visage demeurait impénétrable, mais un petit détail arracha un gémissement de terreur à Rosemary quand elle le remarqua : un léger filet de sang coulait à la commissure de SES lèvres !

IL demeura complètement immobile, tel un terrifiant mannequin de cire, regardant SA prisonnière, décidant sans doute de son sort.

De longues minutes s'écoulèrent ainsi. Puis, soudainement, sans la moindre émotion apparente, IL tourna les talons et s'en fut dans la nuit — sans refermer la porte.

L'aube vint enfin, apportant avec elle de nouvelles frayeurs. Rosemary n'osait franchir le seuil de la cabane de peur d'être confrontée à son épouvantable geôlier. Elle entendait de temps en temps SES pas résonner au dehors et savait qu'IL était tout près...

Jouait-IL avec elle comme IL avait joué avec Maggie ? Elle secoua la tête, cherchant à effacer de sa mémoire les horribles moments qu'elle avait vécus quand IL avait surgi de nulle part durant sa paisible promenade d'après-midi sur la lande, et l'avait enlevée après avoir violemment tué le brave border collie qui avait tenté de protéger sa maîtresse des griffes de son assaillant.

Le sang aux commissures de SES lèvres était l'indice de quelque autre atrocité qu'IL avait dû perpétrer quelque part pendant la nuit, pensa-t-elle. Elle se dit qu'elle aussi allait finir comme Maggie, la gorge tranchée par SES dents aiguisées comme des rasoirs, sa pauvre carcasse ensanglantée jetée dans un quelconque ravin...

Mais, en dépit de la peur qui lui nouait les tripes, les sueurs froides et les tremblements nerveux qui affectaient tout son corps, elle était toujours vivante. Donc, il y avait encore de l'espoir — du moins, se le répétait-elle.

Sa tête lui faisait mal. Pourquoi l'avait-IL épargnée ? Pourquoi ne la tuait-IL pas et mettait ainsi fin aux tourments qu'elle subissait ? Elle aurait accueilli avec résignation la mort qu'IL semblait lui refuser...

Les heures passèrent. Rosemary gisait sur sa paillasse, épuisée. Elle rassembla enfin assez de courage et d'énergie pour faire quelques pas prudents vers la porte, toujours grande ouverte. Était-il possible qu'elle pût s'échapper de cette cabane avant que celle-ci ne devienne son cercueil ? Elle n'osait pas le croire. Mais pourquoi, alors, avait-IL laissé la porte ouverte ? Était-IL si certain que cela qu'elle ne tenterait pas de s'évader ?

Durant les dernières heures, Rosemary n'avait plus entendu le bruit de SES pas, ou aucun autre indice dénotant SA présence aux alentours. La seconde torche commençait, à son tour, à vaciller et à s'éteindre. Elle écouta de toutes ses forces, retenant sa respiration, autant qu'elle le put. Tout était silencieux.

Peut-être était-IL enfin parti ?

Elle n'avait pas mangé depuis la veille et la tête commençait à lui tourner. Le froid et l'humidité lui rongeait le corps, plus brutalement que les rats n'auraient pu le faire. Elle savait que, bientôt, ses forces l'abandonneraient. Si elle devait agir, il fallait que ce soit maintenant.

Elle pensa partir en courant, très vite, à travers la lande, vers la maison de son père et la sécurité du village. Mais la notion de *sécurité* était-elle possible en ce qui LE concernait ? Ne risquait-elle pas, au contraire, de focaliser SA terrifiante colère sur les têtes de ceux qu'elle aimait ? Comment un vieil homme comme son père pourrait-il faire face à un pareil démon ? Et les pauvres gens innocents du village — quels seraient leur sort ?

Avec un profond soupir, elle fit demi-tour et, tournant le dos au seuil tentateur, retourna se coucher sur sa paillasse et ferma les yeux.

Elle glissa lentement dans un état quasi-comateux de totale apathie. Elle ne bougeait plus. Elle ne faisait plus que voir et écouter — et attendre SON retour.

Enfin, elle entendit le bruit de SES pas. IL entra dans la cabane et s'approcha de la paillasse. Rosemary ferma les yeux très fort et retint son souffle. Elle ne voulait ni lutter, ni hurler. Elle ne désirait plus qu'une mort rapide.

Bien que ses yeux demeuraient fermés, elle sentit SA présence quasi-supernaturelle se rapprocher, et la brûlure de SES terribles yeux jaunes sur chaque centimètre de son corps. IL était là, tout près d'elle, consumé de rage, et pourtant totalement immobile. Qu'attendait-IL pour l'achever ?

En pensée, elle LE suppliait de frapper, de la tuer, afin de mettre fin à son insupportable tourment. Ses yeux toujours résolument fermés, elle imagina sentir l'odeur de SA respiration fétide tout près de sa gorge... Quelque chose venait soudain d'effleurer son sein... Était-ce SA main ?

Soudain, comme un éclair dans les ténèbres, Rosemary eut une révélation. Comment n'avait-elle pas deviné auparavant ? IL ne cherchait pas à la tuer. IL voulait qu'elle reste avec lui — qu'elle devienne SA femme.

Quand IL l'avait capturée, IL avait mentionné, entre deux feulements de colère, l'île de Cround, dans l'archipel des Orkneys, au large des côtes d'Écosse. IL était comme fou de rage. Quelque chose s'était passé là-bas qui L'avait terriblement contrarié. IL n'arrêtait pas de murmurer d'horribles promesses de vengeance contre un homme dont il était visiblement proche — son père, peut-être ? Rosemary avait frémi de les entendre, et s'était dit que, malgré l'étendue de son malheur, pour rien au monde n'échangerait-elle sa place avec celle de l'Autre, car s'IL pouvait se conduire de manière aussi cruelle envers elle, une parfaite étrangère, de quelles abominations serait-il capable envers l'Autre, qui lui était proche ?

Elle était terrifiée par SON contact repoussant, tout en sachant désormais quel allait être son supplice. Ses yeux demeuraient fermés ; ses paupières lui faisaient mal à force d'être aussi serrées. Elle essayait de percevoir SES mouvements par-dessus le bruit assourdissant des battements de son cœur. Soudain, elle entendit craquer une planche et devina qu'IL venait de s'agenouiller à son chevet.

Elle perçut à nouveau SA respiration sur son visage. C'était une odeur doucereuse de fleurs pourries et d'humus, qui n'était pas foncièrement désagréable. SA bouche, aux lèvres quasi-inexistantes, simple crevasse dans son visage de cadavre à la peau blême et tendue, s'approcha inexorablement de la sienne. Il n'y avait plus d'échappatoire.

Les doigts de Rosemary devinrent comme des griffes, qui agrippèrent la paillasse, puis se refermèrent en poings serrés ; ses ongles, en entamant la chair de ses paumes, la firent saigner. Elle ne pouvait plus supporter cette horreur. Il lui était impossible de continuer à feindre l'inconscience.

D'un coup, elle se redressa sur ses jambes et bondit. Elle se retrouva alors debout, à bout de souffle, les yeux exorbités, devant la terrifiante créature. Comme elle l'avait deviné, IL s'était agenouillé près de la paillasse. Mais, avec une rapidité défiant l'imagination, SA main avait saisi le bas de sa robe quand elle s'était levée. IL tenait maintenant un bout de tissu déchiré entre SES doigts ; quant à elle, son épaule gauche était désormais totalement dénudée.

IL se remit debout et, en deux pas, s'interposa entre elle et la porte. Elle lui fit face, contemplant ce visage mort où seuls brillaient deux horribles yeux jaunes, et sur lequel tombait des mèches de cheveux noirs, collées les unes aux autres par la crasse, ondulant au gré du vent.

À sa place, n'importe quel animal aurait bondi sur elle ; mais IL se contentait d'attendre, les bras ouvert, bloquant son passage.

Puis IL se mit à avancer lentement, très lentement, la fixant de ses mauvais yeux jaunes. Un grognement sourd jaillit de quelque part dans sa poitrine ; peut-être était-ce là une manifestation inconsciente de SA victoire ? Car Rosemary était entièrement à SA merci. Loin des yeux de Dieu et de ceux des Hommes, IL allait enfin assouvir SES vils désirs.

Elle se tenait, paralysée d'horreur, à moins de deux mètres de LUI, se disant que si elle avait pu, en cet instant précis, se donner la mort, elle l'aurait fait, même au prix de sa damnation éternelle.

IL fit un autre pas et la prit dans SES bras. SES doigts aux ongles ébréchés griffèrent la délicate chair de ses épaules. Rosemary voulut crier, mais découvrit qu'elle en était incapable. Il lui restait, cependant, la force de pleurer, et ses larmes commencèrent à couler silencieusement sur son visage.

SON image devint comme floue. Seuls les flammes de SES horribles yeux jaunes continuaient de brûler devant elle. Elle perçut, plus qu'elle n'entendit, un nouveau grognement. Puis, sa robe fut brutalement arrachée et elle fut nue. Purement par instinct, elle remonta ses bras pour cacher sa poitrine. Elle entendit un étrange cliquetis et réalisa que c'était le claquement de ses dents.

Elle se sentit soudainement attirée vers LUI, prisonnière d'un étau implacable, écrasée contre SA poitrine. Enfin, ses sens annihilés par l'horreur, elle sombra dans un oubli miséricordieux.

Quand Rosemary se réveilla, elle était dans un lit, son lit, dans la maison de ses parents. Son père était à son chevet et, après que le docteur s'en fut allé, il lui expliqua qu'on l'avait trouvée nue, ensanglantée, le corps maculé de boue, dans une cabane de chasseurs abandonnée au bout de la lande. De LUI, il n'y avait aucune trace.

Rosemary se rétablit peu à peu, avec le temps, confortée par la notion que son sacrifice avait sans doute sauvé sa famille, voire même le village entier, de SA rage.

Mais l'angoisse revint vite, d'abord comme une impression fugitive, vite bannie dans l'inconscient, puis comme une horrible prémonition, trop abominable pour être imaginée, et enfin, comme une vérité à laquelle elle ne pouvait échapper.

Rosemary découvrit qu'elle était enceinte.

Sa foi était trop vive pour qu'elle attente à ses jours, et de plus, elle n'aurait jamais sacrifié la vie de l'innocent désormais en elle. Mais, à cause de la position sociale de sa famille dans le village, il était nécessaire qu'elle s'en aille avant que son malheur ne soit publiquement connu.

Son père l'envoya donc vivre avec son frère, qui exerçait le métier de maçon dans la ville de Rouen, en Normandie. Étant lui-même sans enfants, l'oncle de Rosemary et sa femme acceptèrent d'élever le futur bébé comme s'il avait été le leur.

Par une matinée grise d'hiver, Rosemary quitta donc l'Écosse et s'embarqua pour la France.

Six mois plus tard, elle était prête à accoucher.

La sage-femme — une Normande robuste à l'expérience considérable et d'une parfaite discrétion — avait très clairement exprimé son souci au sujet de la constitution fragile de la mère, dont la santé n'avait cessé de décliner tout au long de sa grossesse. Rosemary avait souffert de violents cauchemars, revivant les heures abominables qu'elle avait vécues dans la cabane sur la lande, là où l'enfant avait été conçu. Elle n'avait raconté à personne les abominations de cette épouvantable nuit, se contentant de blâmer son outrage sur un vagabond, un bohémien ordinaire... Elle avait essayé de dissimuler l'atroce vérité à tous, y compris à elle-même, mais celle-ci revenait et la persécutait sous la forme de cauchemars qui la laissaient épuisée et tremblante d'horreur.

Enfin, après de longues heures de souffrances inhumaines, la sage-femme parvint à extraire l'enfant hurlant du ventre de sa mère — proclamant que c'était un garçon en bonne santé — et coupa le cordon ombilical. Rosemary, à bout de souffle, affaiblie, baignée de sueur, demanda aussitôt à voir le bébé, prétendument pour l'allaiter. La sage-femme, préoccupée par l'hémorragie naissante de la mère, ne se posa pas de questions et obéit.

Rosemary prit le nouveau-né dans ses bras, dégagea le drap qui l'enveloppait, découvrit son teint livide et sa peau cadavérique, et frémit. Elle se mit à trembler violemment. Alors, pour la première fois, le bébé ouvrit les yeux et regarda sa mère.

Rosemary leva la tête vers le ciel ; deux larmes coulèrent lentement sur ses joues pales. Puis elle lança un cri de damné et l'essence même de sa vie parut se dissiper quand elle s'écria :

— Il a les yeux de SON père ! SES horribles yeux jaunes !

Puis elle rendit l'âme.

Rosemary fut enterrée au cimetière de Saint-Sever près de Rouen. On nomma le bébé Erik, d'après son grand-père. Du côté de sa mère, naturellement.

> *"Est-il admissible que tout homme puisse trouver une épouse, et toute bête une femelle, et que moi, uniquement, je reste seul ? Je nourrissais des sentiments d'affection qui ne m'ont valu que mépris et haine."*
> La Créature.
> Mary Shelley, *Frankenstein*, Chapitre XX.

Extrait des *Compagnons de l'Ombre* 2
© 2005, Jean-Marc Lofficier

John Gallagher

Manuel Garcia

Timothy J. Green II

John Heebink

Sam Hiti

Ladrönn

David Lafuente

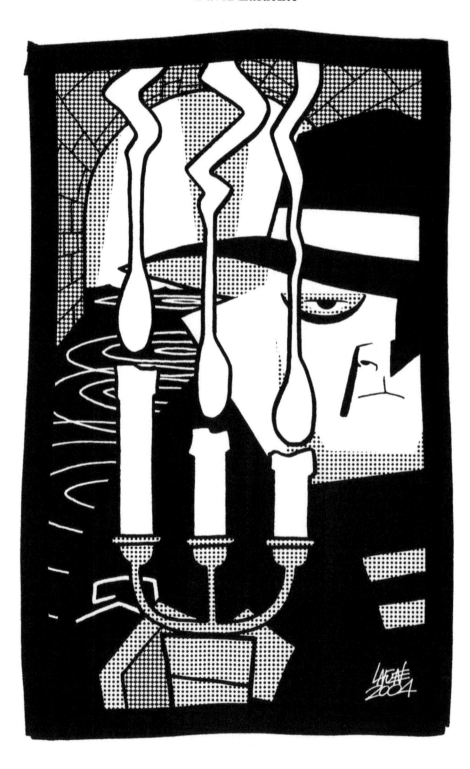

Steve Leialoha

Alfredo Macall

Christophe Malgrain

Mike Manley

Manuel Martin

Rick Lai : *La Tombe du Prophète Voilé*

Perse, 1866

— Le corps de Shirin doit être manipulé avec délicatesse, insista Anis-ed-Dowleh, la favorite du Shah.

Lorsqu'il se pencha pour examiner le cadavre de la jeune femme, Haji Abdu observa que son cou avait été rompu.

— La marque d'un lasso du pendjab..., murmura-t-il. C'est Erik qui a fait ça. Mais qu'a-t-elle pu faire pour l'offenser à ce point ?

— Elle a refusé de se laisser embrasser.

— Mais quelle femme aurait accepté une telle chose ? s'exclama Haji Abdu Le visage cadavérique d'Erik devrait lui interdire la plus petite idée de séduction !

— Erik et vous n'êtes donc plus les meilleurs amis du monde ?

— Nous sommes maintenant les « meilleurs ennemis » du monde, précisa Haji Abdu. Il y a deux ans, vous avez sans doute entendu ces rumeurs qui disaient qu'Erik s'occupait à procurer des divertissements aux caravanes russes... Votre mari m'avait alors ordonné d'interpeller ce magicien et de le conduire ici. Au cours du voyage qui nous ramenait de Russie, Erik et moi avons commencé à jouer fréquemment aux échecs, tout en échangeant quelques idées sur la morale ou la philosophie. Je me suis aperçu qu'il n'était qu'un tueur sans aucun scrupule ni aucune conscience. À notre arrivée, j'ai conseillé au Shah de ne pas l'admettre dans son entourage, mais vous, vous avez persuadé votre époux d'ignorer mon conseil. La mort de Shirin est la fleur du mal qui a germé de cette graine monstrueuse que vous avez choisi de planter.

— J'avais sans doute oublié que vous vous prétendez philosophe.

— Je suis soufi, je cherche à purifier mon âme en contemplant la gloire d'Allah. J'espère également avoir la chance de purifier celle des autres.

— Une aspiration assez inhabituelle pour un Daroga de la police secrète...

— Lorsque j'ai rejoint les rangs de la police, je croyais que les criminels pouvaient connaître la rédemption si on les traitait avec équité et humanité. Malheureusement, l'expérience m'a appris que la plupart des malfaiteurs sont des prédateurs insensibles au remords. On ne peut que les chasser et les exterminer comme on le ferait de tigres solitaires. Erik est exactement ce type de tigre.

— Tout à l'heure, il était une graine, maintenant le voici un tigre... Que pensez-vous réellement de lui ?

— C'est un parfait égocentrique qui n'a aucun respect pour la vie humaine. Le monde se porterait bien mieux s'il n'en faisait plus partie.

— Voilà une excellente conclusion ! prononça une voix profonde.

Un panneau, ouvrant sur un passage secret, coulissa lentement, et le Shah de Perse, Nasi-ed-Din, pénétra dans la salle.

— Votre Majesté ! s'exclama Haji Abdu.

— Pardonnez-moi, mon cher et loyal sujet, de vous surprendre de cette manière, mais je devais m'assurer que vous n'aviez pas de doute quant à la nécessité de mettre à mort Erik. Vous avez sans doute l'impression qu'il était un simple mage attaché à ma cour...

— Oh, non, pas vraiment, Votre Majesté. Je sais qu'Erik accomplissait pour vous quelques missions confidentielles.

— Vous êtes mieux informé des activités d'Erik que ce que j'aurais cru, souffla le Shah en plissant les yeux.

— Erik et moi avons continué à jouer fréquemment aux échecs et, lors de notre dernière rencontre, il s'est montré passablement indiscret.

— Et que vous a-t-il dit à mon sujet ? demanda le Shah.

— Pendant qu'il amusait votre épouse en effectuant des tours de passe-passe avec son lasso penjabi, il a précisé que cet objet pouvait également être une arme mortelle. Il a montré qu'il avait aussi une parfaite connaissance de l'Afghanistan. Dès qu'il a été à la cour, votre épouse a immédiatement compris les véritables qualités d'Erik et vous a alors demandé d'écouter ses avis.

— Pourriez-vous être plus clair : quand vous parlez de « véritables qualités », entendez-vous par là ses qualités de stratège ?

— Bien que vous ayez négocié un traité de paix avec l'émir d'Afghanistan il y a de cela une dizaine d'années, les chefs afghans n'ont pas cessé de lancer des attaques contre vos frontières... C'est alors que vous avez décidé d'envoyer Erik en Afghanistan afin, comment dire ?, qu'il fasse la preuve de son habileté au lasso...

— Daroga, les allusions trop subtiles ont le don de m'ennuyer. Soyez plus clair.

— Erik a été dépêché en Afghanistan afin d'assassiner les chefs qui harcelaient nos frontières.

— C'est lui-même qui vous a parlé de ces missions ?

— Oui, en quelque sorte, Votre Majesté.

— Mais il avait reçu l'ordre de ne jamais en dire un mot à quiconque !

— Aussi est-ce moi qui ai déduit cela, votre Majesté, à partir des quelques indiscrétions qu'Erik a commises, et, à l'époque, j'en ai fait un résumé afin que vous puissiez en prendre connaissance.

— Oui, oui... je m'en souviens, maintenant. Vous recommandiez de faire exécuter Erik immédiatement, mais j'ai choisi d'ignorer votre suggestion ; il faut dire qu'Erik, lorsqu'il est revenu d'Afghanistan, a réclamé deux récompenses pour le moins intrigantes.

— Mais Erik n'a jamais fait état de ces récompenses, Votre Majesté.

— Pas en public, en effet ! répondit le Shah. Mais en privé, il a exprimé des ambitions architecturales. Il m'a demandé l'autorisation d'installer une série de passages secrets à l'intérieur de ce bâtiment. Je lui ai donné ma permission. La chambre dans laquelle je me suis caché pour vous espionner n'est que l'une des nombreuses pièces qui ont été aménagées au cours de nos récentes rénovations. Malheureusement, Erik a utilisé sa parfaite connaissance de ces passages secrets pour harceler les suivantes de ma femme. Shirin n'est pas la première victime d'Erik... Il y en a eu deux autres avant elle. On raconte que ces crimes ont été perpétrés par l'Amoureux caché.

— Vous avez mentionné deux récompenses, Votre Majesté ?

— Erik croit que la tombe du Créateur de lunes est à Khorassan et il souhaite monter une expédition pour tenter de la découvrir.

— C'est une idée ridicule, Votre Majesté. L'histoire indique clairement que les restes de cet hérétique n'ont pas été retrouvés, et qu'il n'a par conséquent jamais été enterré.

— Je partage votre scepticisme, Daroga. Toutefois, vous allez accompagner Erik à Khorassan. Une fois que vous aurez déterminé si cette tombe existe réellement, vous exécuterez Erik pour le punir du meurtre de ces trois femmes. J'ai d'abord eu l'intention de me montrer clément, compte tenu des services qu'il a rendus à la cour, et je voulais simplement lui faire arracher les yeux... Mais, même aveugle, Erik demeurerait une terrible menace. Ses autres sens sont si aiguisés qu'il pourrait se déplacer sans problème dans les ténèbres les plus profondes. Comme preuve de sa mort, vous devrez me ramener sa tête. La structure de son crâne semble absolument unique et le médecin royal se réjouit à l'idée de pouvoir l'examiner en détail.

— Il sera fait comme vous le désirez, Votre Majesté.

Haji Abdu quitta la pièce. Lorsqu'il fut sorti, le Shah esquissa un léger sourire à l'adresse de sa favorite.

— Tous ces gens qui se prétendent philosophes sont en fait d'une incroyable crédulité, ma douce amie. Il n'a pas eu le moindre soupçon en ce qui concerne la véritable identité de celle qui se trouve derrière ces trois meurtres... Mais dites-moi, qu'est-ce qui vous a poussée à demander à Erik de vous apprendre le maniement du lasso penjabi ?

— Il a dit qu'il avait appris à se servir de cette arme auprès de la maharani déchue de Pankot. Puisque c'est une femme qui lui a enseigné cet art, je lui ai suggéré de devenir à son tour mon instructeur. Et comme il me fallait des victimes pour vérifier que je maîtrisais réellement la technique du lasso, j'ai choisi Shirin et les deux autres, car leur bavardage incessant ne m'amusait plus.

La cour du Shah se trouvait dans la partie australe de Mazenderan, près de la mer Caspienne. Khorassan était située dans une province au nord-est, non loin de la frontière de l'Afghanistan. Durant le trajet qui les conduisait vers l'est, Haji Abdu et Erik continuèrent à s'affronter devant un échiquier.

Après la première journée de marche, les membres de l'expédition archéologique dressèrent des tentes pour la nuit. Pendant leurs conversations, Erik appelait le Daroga par son surnom, El Hichmakani, c'est-à-dire l'Homme de Nulle part. Étant français, Erik n'avait jamais réussi à maîtriser le calendrier islamique et, au cours de leurs échanges, le Daroga lui rendait les choses plus faciles en nommant les années selon le calendrier grégorien.

— Comment avez-vous appris l'existence de Mokanna ? demanda Daroga.

— Par les œuvres d'un poète irlandais dont le nom vous est sans doute inconnu, répondit Erik.

— Vous voulez peut-être parler de Thomas Moore. Le *Prophète voilé de Khorassan* est l'un des quatre poèmes narratifs qui composent son livre le plus connu, *Lalla Rookh*. Je trouve ce texte plutôt amusant.

— Mais comment avez-vous réussi à vous en procurer une copie ?

— C'est mon correspondant britannique, Richard Francis Burton, qui me l'a fait parvenir.

— Burton ! L'aventurier qui a visité la Mecque en se prétendant musulman !

— Plus précisément, Burton a prétendu être un chiite perse. Il y a environ treize ans, j'accomplissais mon propre pèlerinage vers la ville sainte, au moment même où Burton avait endossé la tenue du fidèle pèlerin. Mais je l'ai percé à jour sous son déguisement et nous sommes devenus des amis. Depuis lors, nous entretenons une correspondance régulière.

— Le Shah vous ferait exécuter s'il savait que vous êtes en contact avec Burton...

— Vous sous-estimez mon souverain maître. C'est lui-même qui m'a encouragé à entretenir cette correspondance avec Burton, dans l'intérêt même de la Perse : il est important qu'un membre de la police secrète entretienne des relations avec un Britannique de haut rang en vue d'obtenir de lui des renseignements.

— Mais Burton sait-il que vous êtes le Daroga de Mazenderan ?

— Il ignore tout de mes liens avec la police secrète. Il me voit comme un humble philosophe soufi qui vit dans la province de Yezd. Tous ses paquets et ses lettres sont d'ailleurs envoyés à la demeure de mes ancêtres, à Darabghird.

Le Daroga abattit un des pions d'Erik à l'aide de son fou. Erik répliqua en déclarant :

— Échec au roi ! Comme vous l'avez remarqué, El Hichmakani, comme Mokanna, j'aime bien sacrifier des pions.

— Mais Mokanna était un monstre !

— Permettez-moi de vous dire humblement que je ne suis pas d'accord avec vous. Revoyons les faits, si vous le voulez bien... Autour de 780 A.D., une rébellion contre le calife Abbasid est fomentée dans Khorassan. Le chef de cette fronde est un personnage énigmatique appelé Mokanna, le *Prophète voilé*. Il dissimule son visage derrière un voile et se prétend l'incarnation d'Allah. Il recrute des adeptes en effectuant quelques tours de magie, notamment en créant des lunes miniatures... Par conséquent, on l'appelle également le *Créateur de lunes*. Bien qu'il porte généralement un voile argenté, Mokanna se cache parfois derrière un masque d'or. Il possède également une épée et des tablettes en or sur lesquelles sont inscrites ses doctrines. Après quelques succès militaires, Mokanna et ses fidèles se sont retranchés dans un château, entourés par les soldats du calife. Au moment où ils allaient être irrémédiablement écrasés, Mokanna a ordonné à ses disciples de se suicider en buvant du poison. Puis il s'est lui-même jeté dans une citerne remplie d'*aqua fortis*, mieux connue maintenant comme étant l'acide nitrique. Ses chairs se sont totalement désintégrées. Un membre de son harem, qui avait refusé de boire le poison, a assisté à la mort de Mokanna.

— Alors, pourquoi cherchons-nous cette tombe ? S'il s'est complètement désintégré, il n'y avait aucun cadavre à enterrer... Même pas des cendres à recueillir.

— Le Shah m'a accordé l'accès aux archives royales... J'y ai découvert un document des plus intrigants. Après la mort de Mokanna, son culte a survécu, sous la houlette d'un homme connu seulement sous le nom d'Abd Dhulma. La police du calife a tenté d'appréhender cet associé du *Prophète voilé*. Les sbires ont échoué, mais ils ont réussi à saisir une prophétie écrite par Abd Dhulma. Ce manuscrit révélait que le masque, l'épée et les tablettes de Mokanna lui avaient été confiées. Après avoir visité le site où le *Créateur de lunes* s'était suicidé, Abd Dhulma aurait procédé à un rituel mystique afin d'extraire de l'acide nitrique les « sels essentiels » subsistant du prophète. Apparemment, il a de cette façon réussi à reconstituer les cendres de Mokanna qu'il a ensuite enterrées à Khorassan avec les reliques d'or. Et il a prédit que, un jour, Mokanna serait ressuscité d'entre les morts.

— Si ce document indique l'emplacement de la tombe, il est certain que le calife l'aura fait profaner et détruire...

— Oui, mais Abd Dhulma n'a pas révélé l'endroit où se trouve le tombeau de Mokanna.

Erik déroula un parchemin et le tendit au Daroga avant de reprendre son récit.

— Au cours de mes premiers voyages en Afghanistan, avant de devenir un assassin à la solde du Shah, j'ai visité la citadelle des montagnes, à Yolgan. C'est là que j'ai trouvé cette carte. Elle désigne un endroit, à Khorassan, appelé le Mausolée du Rayon de lune. Et si c'était une métaphore pour désigner la tombe du *Prophète voilé* érigée par Abd Dhulma ?

— Mais il y a d'autres annotations sur cette carte : *Le Seigneur de la Demeure vide... Seigneur de l'Illusion... Seigneur du Quatrième Axe...* Que signifient-elles ?

— Aucune idée, répondit Erik en toute honnêteté. L'histoire de Mokanna me fascine depuis que j'ai lu les œuvres de Thomas Moore. Mokanna affirmait que son voile dissimulait un visage d'une beauté quasiment surnaturelle. En réalité, ses traits étaient incroyablement laids. Certains historiens affirment qu'il avait été défiguré pendant un combat, au temps où il était militaire. D'autres racontent que sa laideur était en fait due à une anomalie congénitale... comme celle dont je souffre moi-même.

— Alors vous vous identifiez à Mokanna... Sa jeunesse ressemble à la vôtre.

— Oui, El Hichmakani. Même si j'avais des parents parfaitement normaux, je suis né avec un visage qui a fait de moi un paria au sein de la société dite respectable. J'ai été forcé de vivre dans l'ombre... Depuis que j'ai fui ma France natale, j'ai fréquenté les pirates du Tonkin, des bandits indiens, des satanistes afghans...

Erik éclata de rire.

— Et maintenant, je fraie avec le Shah de Perse et sa police secrète.

Lorsque les membres de l'expédition furent parvenus à destination, ils durent creuser pendant quatre jours avant de trouver la tombe. Après que la porte de pierre qui en barrait l'entrée eut été forcée, seuls Erik et Haji Abdu s'enfoncèrent à l'intérieur de la structure souterraine. Leurs serviteurs reçurent l'ordre d'attendre à l'extérieur tandis que, torches en main, les deux hommes pénétraient dans les profondeurs ténébreuses du mausolée.

Ils avisèrent une urne près de laquelle étaient posés un masque, une épée et une pile d'une quinzaine de tablettes sur lesquelles étaient gravés des préceptes. Tous étaient en or massif. Lorsqu'il souleva le couvercle de l'urne dorée, le Daroga constata qu'elle était remplie de cendres.

Erik abaissa sa torche sur la première tablette et lut l'inscription qu'elle portait.

« *Que celui qui fut Sacré invoque les Trois avatars de Celui-qui-est-Un au-dessus de mes cendres, et la raison de votre existence terrestre vous sera révélée.* »

— Ce charabia n'a aucun sens ! déclara le Daroga.

— Peut-être pas, murmura Erik, écarquillant ses yeux jaunes. Avez-vous donc oublié les annotations sur la carte ?

Erik posa les yeux sur l'urne.

— *Seigneur de la Demeure vide, Seigneur de l'Illusion, Seigneur du Quatrième Axe...*

Instantanément, les torches que portaient les deux hommes furent soufflées. La chambre funéraire fut plongée dans l'ombre pendant quelques secondes. Puis, une sphère brillante s'éleva au-dessus de la tête d'Erik et de son compagnon. La lumière de la lune éclaira doucement l'intérieur de la tombe. Les deux hommes, incapables de faire un mouvement, étaient comme paralysés.

La poussière jaillit de l'urne comme un geyser. Les cendres tourbillonnèrent quelques instants dans les airs et s'agglutinèrent en une forme humanoïde sur laquelle la chair et les muscles vinrent se greffer à une vitesse ahurissante.

Bientôt un homme nu se tint debout devant les deux hommes qui avaient pénétré à l'intérieur du site sacré. Son visage, identique à celui d'Erik, était percé de deux orbites où brûlait un feu sombre. Les pupilles enflammées glissèrent sur Erik et une voix rauque, cassée, se fit entendre à travers les lèvres gercées.

— Je te salue, Celui qui fut Choisi. Tu m'as ressuscité d'entre les morts en invoquant les trois avatars de Yog-Sothoth. Longtemps, tu as souffert... Cette race perverse appelée humanité t'a ridiculisé, humilié. Tu apprendras bientôt que ton apparence n'est pas une malédiction, mais au contraire une bénédiction. La promesse de la tablette d'or sera remplie... Tu connaîtras la raison de ton existence.

« Nos histoires sont étroitement liées. Pour t'expliquer tes origines, je dois d'abord m'attarder quelque peu sur les miennes. Mon père était le terrible mage immortel connu sous le nom d'Abd Dhulma. En étudiant des textes anciens, il a découvert que des sorciers puissants avaient jadis dominé les continents perdus de Lemurie et d'Attluma. Les noms de ces nécromanciens ne sont plus connus aujourd'hui que dans des légendes presque oubliées : Thulsa Doom, Kathulos, Rotah, Mardanax, Descales... Mais ils ont tous modifié le destin de nos nations ! Ces mages ont conçu un rituel ésotérique, la Litanie noire, afin d'empreindre leurs âmes de l'essence de la Torche de Nug. Mais les pouvoirs accordés par les flammes de Nug ont un prix... Les visages de ces mages se sont flétris pour ne plus ressembler qu'à des crânes vivants.

« Mon père a cherché à maîtriser le Feu de la Torche... Vaniteux et convaincu d'être un bel homme, il n'était cependant pas décidé à accepter de porter la Marque du Crâne. Tandis que je gisais, fœtus encore inconscient, dans le ventre de ma mère, mon père a organisé une cérémonie pour transplanter le Feu de la Torche au sein de ma forme embryonnaire. Portant désormais en moi le pouvoir des Anciens Dieux, je suis devenu cannibale. J'ai rongé les chairs de ma mère et je suis venu au monde sous la forme d'un enfant déjà pleinement développé.

« À cause de mon visage effrayant, mon père a dû m'élever dans l'isolement. Il m'a enseigné les sciences occultes. À l'âge adulte, je suis devenu Mokanna et mon but était de créer un royaume terrestre. Malheureusement, j'ai surestimé l'étendue de mes pouvoirs et mon armée a subi une défaite humiliante. Le suicide de mes fidèles et mon immolation faisaient partie d'un rituel complexe visant à obtenir davantage de pouvoir des Anciens Dieux.

« Pour apaiser le Seigneur du Quatrième Axe, j'ai dû hiberner pendant des siècles dans mes sels essentiels. Durant mon règne à Khorassan, j'ai planté mes semences dans un grand nombre de femmes. Mon père a dispersé mes amantes aux quatre coins de ce monde. Une fois les astres enfin alignés, mes descendants devaient concevoir des enfants qui, tous, auraient le même visage que moi. Et il était dit que l'un d'entre eux retrouverait ma trace et viendrait me trouver dans cette crypte. Tu es Celui qui est Choisi. Et quel est ton nom, mon descendant ?

— Je m'appelle Erik. Ce n'est pas le nom qui m'a été donné à ma naissance, mais plutôt un surnom dérivé de mon séjour parmi les adeptes du culte du Chef de Tout ce qui existe.

— Erlik de l'Étoile noire ? Ses déclarations de toute-puissance sont risibles. Il n'est qu'une entité mineure, éclipsée par la splendeur cosmique du Seigneur du Quatrième Axe et ses Frères Jumeaux, Nug et Yeb. Tes yeux jaunes ont dû pousser les fidèles d'Erlik à te proclamer fils de leur Dieu sinistre... Aucun de mes ancêtres n'avait de tels yeux. Ton ascendance doit inclure quelques aïeux fascinants, autres que moi-même.

Les yeux brûlants du nécromancien ressuscité se braquèrent sur ceux d'Erik.

— Je devine du ressentiment dans ton âme, mon enfant. Tu me blâmes pour les infortunes qui ont gangrené ta vie. Tu recevras une extraordinaire récompense en compensation de toutes les calamités que tu as subies durant ta triste existence. L'Homme t'a ostracisé en te déclarant injustement moins qu'humain. Tu es en réalité bien plus... Ce sera encore plus évident lorsque tu seras empreint de la puissance du Feu. Tu pourras venger chaque insulte, chaque affront que l'humanité t'a assénés. D'un doigt, tu pourras arracher les yeux de toute personne qui a refusé de contempler ton visage. Toutes les femmes que tu convoites succomberont à tes désirs. Cette race infecte qui prolifère sous le nom d'humanité sera écrasée sous tes pieds. Désires-tu acquérir ce pouvoir ?

— Oui ! De toute mon âme ! *Oui !*

Haji Abdu voulait protester, mais sa langue était paralysée par la magie de Mokanna.

Le Créateur de lunes fit un geste de la main droite. L'épée dorée s'éleva dans les airs, au-dessus du sol. Sa garde se tourna vers Erik.

— Prends l'épée ! ordonna Mokanna.

Erik laissa tomber sa torche, désormais inutile, et il saisit le pommeau de l'épée de ses deux mains. La lame s'illumina, entourée de flammes émeraude.

Mokanna leva la tête pour observer la lune miniature qui était suspendue au-dessus de lui.

— Ô lune de Yian, Nug demande une offrande sanglante en échange du don de la Flamme de la Torche à mon enfant. Un stupide mortel a accompagné mon descendant dans cet antre souterrain. Celui qui a été Choisi doit maintenant écorcher vive cette créature pathétique. Gorgo, Mormo, lune aux mille visages, accueillez favorablement nos sacrifices !

Tandis qu'Erik levait l'épée au-dessus de sa tête, les yeux du Daroga, qui ne pouvait pas prononcer une seule parole, reflétaient son désespoir et sa terreur.

Mokanna sourit, satisfait, et se mit à réciter la Litanie noire.

— Ô maître des Feux noirs...

La lame s'abattit, l'épée de feu mordit férocement le visage de Mokanna. Son crâne se fendit sous le choc, sa peau se désintégra en poussière. Erik laissa tomber son épée et, avant même que le métal ait touché le sol, ses flammes mystiques s'étaient éteintes. La lune de Yian éclata en mille étincelles. L'explosion projeta le Daroga à terre et sa tête heurta violemment la dalle. Le sépulcre se retrouva plongé dans les ténèbres, alors que l'esprit d'Haji Abdu était précipité dans le monde des rêves.

Ce n'est que des heures plus tard que le Persan s'éveilla sur un lit de camp, à l'intérieur même de sa tente. La première chose qu'il aperçut fut le sourire amical d'Erik.

— Vous n'avez que des blessures légères, lui dit-il... Après vous avoir mis en sécurité, à l'écart de la tombe, j'ai ordonné qu'elle soit scellée et que les reliques maléfiques qu'elle contient soient soustraites à tout jamais à la convoitise des hommes. Nous dirons au Shah que nous n'avons trouvé qu'une nécropole vide et que les reliques d'or ont été volées par des pillards. Maintenant, reposez-vous, El Hichmakani. Vous devez reprendre des forces avant le long trajet vers Mazenderan. Bonne nuit.

— Attendez ! Vous devez m'expliquer ! Pourquoi avez-vous refusé l'offre de Mokanna et ne m'avez-vous pas sacrifié ?

— Durant tout mon séjour en Perse, il n'y a que vous qui m'ayez traité en égal et avec égards. Vous êtes la seule personne que je pourrais considérer comme un véritable ami. J'ai repoussé Mokanna, car le sacrifice qu'il exigeait était impossible à accomplir.

Haji Abdu se remit complètement et l'expédition put quitter Khorassan. Quand elle atteignit les frontières de Mazenderan, le Daroga annonça à Erik qu'il devait s'absenter du camp afin de régler quelques affaires personnelles. À son retour, le Daroga eut un entretien avec celui qu'il considérait comme un assassin à la solde du Shah et l'auteur des meurtres des trois servantes.

— Pardonnez-moi, Erik, mais nous devons aborder une question délicate... Les trois femmes de chambre d'Anis-ed-Dowleh que vous avez assassinées...

— Mais de quoi parlez-vous ? s'exclama Erik, je ne les ai même pas touchées.

— Oui, peut-être, mais alors, en dehors de vous, qui, à Mazenderan, sait manier aussi habilement le lasso penjabi ?

— Anis-ed-Dowleh. C'est moi qui lui ai enseigné son maniement.

— Cette séductrice maudite vous a donc choisi comme bouc émissaire pour ses propres crimes... Avant que nous ne partions pour Khorassan, le Shah m'a ordonné de vous décapiter pour avoir tué les trois servantes.

— Mais vous devez convaincre le Shah de mon innocence !

— Votre innocence est sans importance. Le Shah connaît sûrement déjà la vérité... Je ne suis pas aussi naïf que son abominable favorite et lui-même le croient. J'ai ordonné à un de mes hommes de mener une enquête discrète. C'est pour le retrouver et recevoir son rapport que je me suis absenté du camp tout à l'heure. Tous les hommes qui ont travaillé avec vous à la création des passages secrets ont disparu. Ils ont probablement été assassinés sur ordre du Shah. Il semble bien qu'il veuille rester le seul être vivant à connaître l'existence de ces passages... C'est sans doute la raison pour laquelle il m'a demandé votre tête.

— Et que comptez-vous faire ?

— Avec l'homme de confiance que j'ai retrouvé tout à l'heure, j'ai organisé votre évasion vers la Turquie. Je signalerai simplement au Shah que vous avez eu vent de la sentence qui vous menaçait et que vous vous êtes enfui.

— Mais le Shah vous fera décapiter pour votre incompétence et votre négligence...

— J'espère bien réussir à trouver le moyen d'empêcher, ou du moins de retarder cette issue. Avant que vous partiez pour la Turquie, vous me donnerez un de ces costumes européens que vous avez apportés dans vos bagages jusqu'en Perse. La police secrète exécute tous les jours des criminels. Le corps décomposé d'un de ces bandits sera revêtu de vos vêtements et trouvé dans la mer Caspienne. Si le Shah croit que vous vous êtes noyé, il se contentera peut-être alors de m'exiler.

Erik alla dans une de ses malles prendre un vêtement occidental qu'il remit au Daroga.

— C'est probablement la dernière fois que nos chemins se rencontrent, Erik. Mais n'oubliez pas ces mots, mon cher ami : aux yeux d'Allah, nul n'est au-dessus de la rédemption. Pas même les hommes de l'ombre comme vous et moi.

Erik enfourcha sa monture et s'enfonça dans la nuit.

La stratégie mise au point par le Daroga fonctionna comme il l'avait prévu. Il fut simplement exilé. Avec l'aide de Richard Francis Burton, il s'installa à Londres et ensuite à Paris. De temps en temps, il recevait des nouvelles en provenance de sa Perse natale. Anis-ed-Dowleh était devenue une meurtrière totalement incontrôlable. De nouveaux corps étranglés avaient été découverts, mais le Shah prenait chaque fois toutes les mesures afin que des hommes innocents soient punis pour les crimes commis par sa favorite.

En 1876, au cours de ce qui était sa dixième année d'exil, Haji Abdu reçut par la poste un billet qui lui octroyait une loge privée pour l'ouverture de l'Opéra de Paris. Au dos, un message :

Nos parties d'échecs me manquent... Et si nous allions ensemble à l'Opéra ?
Erik

Extrait des *Compagnons de l'Ombre* 20
© 2015, Rick Lai

Francesco Mattioli

Mauricet

Paolo Ongaro

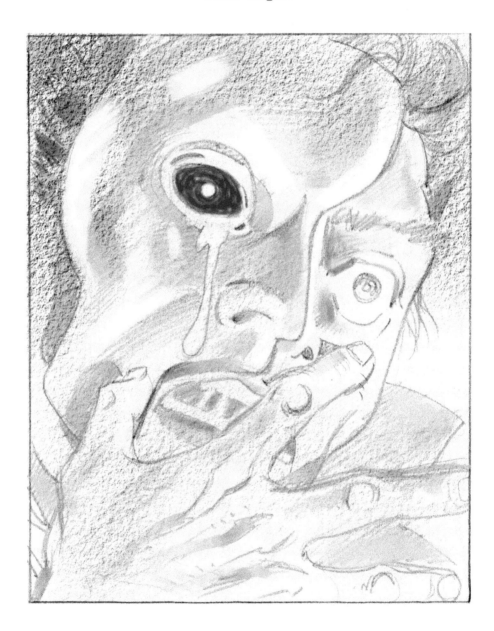

Fernando Pasarin

Olivier & Stéphane Peru

Alberto Ponticelli

Jean-Marc Lofficier: *Les petits de Figaro*

Figaro était la seule personne à l'Opéra qui n'avait pas peur d'Erik.

Figaro était un chat.

Pardon, Figaro était une *chatte*, une demoiselle chat (dans tous les sens du terme), mais comme il était de tradition à l'Opéra de nommer le chat du Palais Garnier Figaro, le sexe de ce dernier n'avait pas été pris en compte lors de son baptême.

Tous les rats que le tueur de rats n'avaient pas tués étaient la proie désignée de Figaro. Elle était la bienvenue partout, au-dessus et en-dessous de l'Opéra.

Et, comme nous le disions, elle était la seule habitante de ce prodigieux bâtiment qui n'avait pas peur d'Erik. Elle ronronnait quand il la caressait, allait de temps lui rendre visite, pour quêter quelque friandise (elle adorait les dattes) et, plus généralement, se conduisait comme une parfaite petite demoiselle à ses côtés.

Il y avait, néanmoins, une personne qui n'aimait pas Figaro : Antoine Manoukian, un *machiniste* qui, en cachette de la Direction, élevait des lapins dans des cabanes improvisées au troisième dessous. Manoukian croyait que Figaro lui avait mangé des bébés lapins et, en toute vérité, il faut bien avouer que toutes les disparitions de petits lapereaux n'étaient pas à mettre au compte des rats.

Puis vint le moment où Figaro eut des chatons. En cette époque-là, la rue Scribe était un lieu notoire de liaisons amoureuses félines.

Manoukian était prêt à supporter un Figaro, pour la seule raison qu'il savait bien qu'autrement, il serait mal vu des autres employés, mais il ne pouvait tolérer une famille de Figaros.

Donc, discrètement, il réussit à s'emparer des petits chatons, les mit dans un sac, lesta ce dernier avec une brique, et s'empressa d'aller au lac pour noyer ses victimes.

Sac miaulant en main, il s'approcha de la rive ténébreuse...

La cadavre d'Antoine Manoukian fut repêché dans la Seine le lendemain. On diagnostiqua une noyade accidentelle.

Les petits de Figaro vaquent toujours en toute liberté à l'Opéra aujourd'hui, sans être inquiétés le moins du monde.

Demandez à n'importe qui.

Extrait des *Compagnons de l'Ombre* 1
© 2006, Jean-Marc Lofficier

Paul Pope

Mike Ratera

Edmond Ripoll

Denis Rodier

Juan Roncagliolo

Stan Sakai

Eric Shanower

Jay Stephens

jay   2004

Pete Rawlik : *La Mascarade Oubliée*

Nord de la France, 1916-17
(rédigé en 1922)

On a beaucoup écrit sur la Grande Guerre ; j'ai moi-même raconté mes exploits dans les tranchées avec mon camarade et ami de toujours, le docteur Herbert West. Mais, jusqu'à ce jour, je m'étais interdit de coucher sur le papier l'une de nos aventures, et ce par respect pour ceux qui y ont participé. Cependant, aujourd'hui même, les journaux ont parlé du désastre de l'Antarctique, et ont confirmé la mort de l'explorateur polaire, le Comte de Chagny. Les articles disent qu'il est mort sans héritier, juste avant son 70ème anniversaire et que son titre reviendra à son neveu, Emile Belloq. Il n'est fait nulle part mention de sa femme et de son fils, disparus voici de nombreuses années, au plus fort de la Guerre. Il est toujours étrange de constater à quel point les journaux ont la mémoire courte, mais je suppose que la Guerre fit de son mieux pour effacer la mémoire des journalistes, que ce soit par la mort ou par une simple surcharge d'informations. Au bout du compte, il semblerait que je sois le dernier vivant à avoir participé à ces étranges évènements ; il n'y a donc aucune raison à ce que je ne transmette pas cette histoire, et que je ne révèle pas la vérité.

Le docteur Herbert West et moi-même participâmes à la Grande Guerre sous la bannière des forces canadiennes, non pas comme soldats, mais en tant que personnel médical. Il me faut bien admettre que notre volontariat n'était pas totalement dicté par notre le respect du serment d'Hippocrate. Non, notre motivation était teintée d'un désir, d'un besoin irrépressible d'avoir un accès illimité à une grande quantité de mourants et de cadavres fraîchement décédés. Avec de tels spécimens dans de telles quantités, nous pouvions poursuivre nos expériences scientifiques dans le domaine de la réanimation, et peut-être même que, grâce à nos compétences de chercheurs et avec un peu de chance, nous pourrions résoudre le mystère de la mort elle-même. Si seulement nous avions ouvert les yeux et constaté à quel point nous nous étions leurrés ! Cette guerre n'était pas un endroit pour les hommes de science ; elle ne se contentait pas de dévorer la vérité et l'innocence, elle engloutit aussi la pensée rationnelle.

Nous somme entrés en guerre dans l'espoir de trouver un remède à l'une des plus grandes faiblesses de l'homme. Au lieu de cela, la guerre nous a corrompus et, inévitablement, nous avons sombré dans la dépravation, éprouvant une joie impie à conduire les expériences les plus monstrueuses et les plus amorales sur les soldats mortellement blessés que l'on confiait à notre soi-disant attention médicale. Personne n'était à l'abri de nos actes de prédateurs, car nous menions nos expériences aussi bien sur les alliés que sur les ennemis, sans distinctions de grade, du simple soldat jusqu'aux officiers bardés de médailles. Même ceux qui étaient au courant de nos expériences secrètes n'étaient pas à l'abri de nos sombres menées. En mars 1915, quand l'avion du Major Eric Moreland Clapham-Lee s'écrasa après un combat aérien au dessus des Flandres, West et moi n'hésitâmes qu'une seconde avant de conduire nos expériences sur celui qui avait été notre officier supérieur et collègue.

Ne croyez pas que West et moi n'accomplîmes rien de bon sur le champ de bataille. Je me souviens plus particulièrement de la bataille de la Somme, qui fit rage de juillet à novembre 1916, près de Belloy-en-Santerre. Ce long engagement nous fournit des blessés de tous les pays du monde, y compris un trio de légionnaires. Bien que je ne puisse rien faire pour sauver le poète Alan Seeger de ses blessures mortelles, j'obtins de meilleurs résultats auprès de ses camarades Randolph Carter et Etienne-Laurent de Marigny. Après plusieurs semaines de soins intensifs et grâce à la prise de la rivière Ancre, la conjugaison de l'amélioration de l'état de santé de mes patients et des conditions de déplacement de notre camp dans une campagne ravagée par la guerre, permit le rapatriement de ceux-ci, et de bien d'autres, vers Paris pour qu'ils puissent se remettre. West et moi étions tous deux épuisés par notre travail en première ligne, quand se présenta l'opportunité d'une mutation vers un hôpital de campagne situé à plusieurs kilomètres des combats ; nous fîmes acte de candidature sans tarder.

Le château d'Erlette était un petit manoir ; son propriétaire l'avait mis à disposition pour que l'on puisse y rapatrier les blessés afin qu'ils reprennent des forces avant d'être déplacés vers des hôpitaux plus distants mais mieux équipés. Notre agent de liaison était un jeune américain au teint pâle et aux cheveux en désordre répondant au nom d'Helman Carnby. Pendant qu'il nous conduisait en voiture vers le château, il nous expliqua que la maîtresse des lieux était l'épouse d'un membre très respecté de l'aristocratie locale, lequel servait son pays outremer, dans le plus grand secret.

La guerre n'avait pas épargné la campagne environnante. Les routes n'étaient plus que deux ornières jumelles, emplies de boue et de crasse, encadrées de monticules de débris. Les ordures produites par plusieurs années de guerre jonchaient les zones de tir, dénudées et gelées. Des arbres dépouillés se tenaient là, tels des moissonneurs, sentinelles squelettiques surveillant quelques bovins émaciés qui erraient encore dans ce qui, autrefois, avait été des prairies luxuriantes. C'était la seule trace de vie animale, mis à part les deux chevaux qui tiraient notre carriole. La guerre, la famine et la maladie avaient prélevé leur dîme. Les quelques animaux qui avaient pu survivre aux batailles et à la faim des soldats s'étaient enfuis vers des lieux plus hospitaliers. Partout, dans ce paysage lugubre, flottait la plus vile des puanteurs, un mélange malsain de pourriture, de poudre à canon et cette étrange odeur métallique que produit un froid glacial et mortel ; un tel miasme aurait soulevé le cœur d'hommes moins aguerris, mais West et moi étions habitués à cet état de chose.

Le château était construit sur une colline grise et sinistre, surplombant des champs envahis de chaume et de mottes de terre gelée. L'architecture de la bâtisse elle-même était indéniablement d'origine française, toute en arches gothiques et arcs-boutants, mais depuis bien longtemps, le château n'était plus qu'un enchevêtrement de styles mélangeant une bonne dose de décorations style renaissance et de façades symétriques et baroques, qui depuis, s'étaient craquelées et avaient été laissées en l'état. Dans cette campagne aride et semblable à l'enfer qu'était devenue la France déchirée par la guerre, le Château d'Erlette était juste une nouvelle horreur infligée à une population déjà en état de choc et à des hommes venus faire la guerre sur leurs terres.

L'intérieur du château était aussi lugubre que l'extérieur ; l'éclairage, assuré par de maigres lampes à huile, ne faisait que transformer les profondes ténèbres en grisaille sombre. La seule vraie source de lumière et de chaleur venait d'une immense cheminée où rugissait un bon feu. Sans y être invités, West et moi nous dirigeâmes vers ce flamboiement réconfortant, pendant que Carnby se mettait à la recherche de sa maîtresse. En un rien de temps, West commença à farfouiller dans les différentes choses qui encombraient la pièce.

— Daniel, ces livres, cette bibliothèque, il y a des choses que même l'Université de Miskatonic ne possède pas...

D'un pas de promeneur, je rejoignis West, en train de consulter les étagères qui couvraient les murs. Il y avait là une fascinante collection de tomes, mise en valeur par des titres noirs du plus bel effet, dont certains me rendirent perplexe.

— West, je pensais avoir lu tous les écrits du Marquis de Sade ; mais ceux-là : *Les Reliques*, *Le Curé de Prato*, et ce *Tancrède*, je n'en avais jamais entendu parler...

West opina du chef et se saisit d'un étrange volume vert, relié de cuir.

— Voici une édition originale du *Culte des Goules*, rédigée en 1665 par le Comte d'Erlette. La plupart de ces éditions ont subi l'autodafé lors de la Révolution française. J'ai passé plusieurs années à essayer de consulter l'exemplaire détenu par l'Université.

Juste après, mon collègue eut un hoquet, je le regardai alors replacer précautionneusement le précieux *Culte des Goules* et se saisir d'un autre livre, abimé et taché.

— Je croyais que c'était une légende : *Les Commentaires du Docteur Pretorius sur les travaux de Victor Frankenstein* !

Il agrippa le livre des deux mains, incapable de détourner ses yeux de la couverture, tel un oiseau envouté par le regard d'un serpent.

— Si cela vous agrée, docteur West, vous pourrez étudier ce volume tout le temps que vous resterez ici.

Le ton de la voix était angélique, plein de musique et de poésie, mais parfaitement contrôlé. Il y avait une trace d'accent, peut-être scandinave, mais la diction était parfaite. Nous nous retournâmes en direction de la voix et contemplâmes une vision qui nous réduisit au silence.

Notre hôtesse était une femme d'un certain âge, pleine d'assurance et de grâce. Ses cheveux gris fer et son visage aux traits fermes étaient mis en valeur par un maintien plein de fierté. Quand elle se déplaçait, elle semblait glisser sur le sol, sans qu'aucune mèche de ses cheveux ne bouge. Pour un regard profane, elle semblait avoir la quarantaine ; mais mon regard de médecin discernait quelques rides autour des yeux et des taches sur ses mains, ce qui me laissait penser qu'elle devait avoir dépassé les cinquante ans.

West fit quelques pas en avant pour accueillir cette charmante dame.

— Comtesse d'Erlette, je présume ? Votre hospitalité nous honore.

À mon tour, je m'approchais pour la saluer, mais notre hôtesse m'imposa prestement le silence.

— Pardonnez-moi, docteur West, mais la lignée des d'Erlette est pratiquement éteinte, du moins en France ; elle a été mise à mal bien trop de fois par la Couronne et le peuple pour pouvoir prospérer. Quoique j'ai ouï dire qu'il en restait quelques descendants en Amérique. Leurs domaines sont maintenant entre les mains de la famille de mon époux, le Comte de Chagny. Appelez-moi donc Comtesse de Chagny.

À ces mots, je sus immédiatement qui elle était.

— Comtesse de Chagny ! Votre talent et votre renommée sont justement célèbres, ainsi que votre beauté toujours rayonnante. Votre portrait trône encore dans l'une des salles de l'Opéra de Paris. Nous sommes à votre service

Elle inclina la tète, presque imperceptiblement.

— Vous êtes trop bon, monsieur. Je vous ai fait préparer un repas. Ensuite, je vous mènerai à l'aile des patients.

Elle nous conduisit hors du salon jusqu'à ce qui avait dû être une salle à manger de gala, maintenant à l'abandon. La table n'avait pas été cirée depuis des années, et les chaises étaient élimées, avec des traces de pourriture sèche. Par contre, le repas servi par Carnby, un simple porcelet rôti avec sa garniture de légumes d'hiver, fut plus que bienvenu, après tous ces mois passés dans les tranchées à ne se nourrir que de rations. Il était accompagné d'une bouteille de vin maison, un rosé à la fois sec et doux, qui me rappela ma jeunesse passée et les fêtes somptueuses que mes parents organisaient pour la Saint Sylvestre.

Une fois le repas terminé, la Comtesse de Chagny et Carnby nous conduisirent jusqu'à l'aile des patients. Je fus quelque peu décontenancé quand Carnby déverrouilla une lourde porte de chêne, révélant un escalier de pierre mal éclairé qui descendait dans les entrailles du château. Alors que nous avancions à la lumière d'une torche, notre hôtesse nous expliqua que la bâtisse avait été érigée sur un ancien réseau de catacombes utilisées à diverses fins, dont le stockage du vin et afin de servir d'abri en temps de guerre. Vu la situation, elle avait ordonné de les convertir en dispensaire pour les soldats blessés.

Alors qu'elle s'attardait sur ce point, nous tournâmes dans un couloir, passâmes une autre porte et nous retrouvâmes dans le plus étonnant des endroits. La cave qui s'étendait devant nous était un grand tunnel de dix mètres de large, six mètres de haut s'étendant sur soixante-dix mètres environ. L'éclairage provenait de chandeliers décorés, fixés à des crochets accrochés au plafond. Ceux-ci permettaient de découvrir ce que, faute de mieux, je décrirais comme un service hospitalier plutôt sommaire. Quatre rangées de lits étaient alignées le long de la cave ; seulement quelques uns étaient occupés par des soldats plus ou moins grièvement blessés. Six infirmières s'affairaient, les soignant ou vaquant à différentes tâches, comme si elles se trouvaient dans un hôpital de ville. L'ensemble était impressionnant, bien qu'il fût facile d'en repérer les faiblesses. La pénurie de bandages et de vêtements propres était évidente. Plusieurs soldats portaient encore les lambeaux de leurs uniformes, révélant une mosaïque de nationalités : Français, Britanniques et Canadiens. Il n'y avait que très peu d'instruments médicaux dignes de ce nom, et la plupart des patients paraissaient souffrir d'infections et de douleurs incapacitantes.

De telles conditions auraient dû engendrer une cacophonie de hurlements, mais pas du tout ; à la place, on entendait le son d'un violon alto jouant la plus hypnotique des mélodies. Le pouvoir d'hypnose de celle-ci était tel qu'il arrivait à apaiser même les patients les plus souffrants. Alors que nous entrâmes dans la caverne, je jetai un coup d'œil vers le plafond, et vit une échelle en fer forgé scellée dans le mur à coté de l'entrée. Juste au dessus du passage, cachée derrière un rideau, se trouvait une petite alcôve d'où semblait provenir la musique. La lumière de la pièce projetait des ombres sur le rideau, révélant le musicien jouant avec grâce de son instrument. Jamais auparavant je n'avais entendu une telle mélodie, si bien que je m'interrogeais tout haut sur l'identité du compositeur. La Comtesse de Chagny eut un sourire et nous informa d'un air désinvolte que le musicien n'était autre que son fils, et que l'air qu'il jouait était extrait d'un chef d'œuvre lyrique composé par son père, intitulé *Don Juan Triomphant*.

Sans hésiter, West et moi commençâmes à évaluer l'état de santé des patients et les fonctionnalités du dispensaire. D'après ce que nous pûmes apprendre, la majorité des patients était arrivée là à la suite d'une escarmouche qui avait eu lieu non loin du vignoble. Après une bataille au pas de charge, les blessés avaient été abandonnés là où ils étaient tombés. La Comtesse, incapable de supporter leurs cris, avait organisé le personnel et arraché les derniers survivants à la Mort. Parmi ceux qui avaient été secourus, les langues allaient bon train au sujet de l'égalité du traitement réservé aux soldats ennemis. Les réprimandes de Carnby avaient été brutales ; il avait fait remarquer aux soignants et aux blessés que la Comtesse elle-même n'était pas française, et que les aléas de la nationalité n'étaient pas un critère pour déterminer qui recevrait de l'aide et qui serait abandonné à son funeste sort. Cela n'avait pas mis un terme aux tensions, qui allaient crescendo, mais on avait confisqué toutes les armes et tout ce qui leur restait pour combattre étaient leur esprit, quelques paquets de carte et un jeu d'échec.

Il y avait treize patients dans la caverne, et, bien que la plupart fussent en bonne voie de guérison, d'autres n'avaient pas cette chance. D'après les estimations de West, il fallait amputer deux jambes et un bras au plus vite. De plus, de nombreuses fractures devaient être réduites et plusieurs infections drainées. Il subsistait encore trois cas désespérés, pour lesquels West estimait que tenter quoi que ce soit serait une perte de temps, en particulier un pauvre homme qui avait une balle qui cliquetait sous son crâne. Avec l'aide de Carnby, West fit déplacer ces trois soldats dans une autre pièce, équipée d'une porte solide. Je devinai qu'il les avait identifiés comme des sujets potentiels pour ses expériences de réanimation.

Dans une pièce identique, nous mîmes en place un bloc opératoire. Hélas, l'équipement et les fournitures à notre disposition étaient inadéquats. On avait récupéré quelques maigres ressources dans des hôpitaux de campagnes abandonnés, mais le stock de sulfamides, d'analgésiques et de bandages était cruellement bas. Lorsque West se renseigna sur les produits anesthésiants, l'infirmière en chef désigna un tonneau de brandy et éclata de rire. West lâcha un juron, s'assura que son patient avait bien reçu trois rasades du spiritueux, et descendit lui-même une rasade avant de commencer à amputer les deux doigts gangrenés du jeune homme.

— Rappelez-vous simplement, dit le chirurgien au patient, que ce n'est pas l'Enfer.

J'eus un haut le cœur alors que l'homme que je maintenais vomissait de douleur pendant que nous lui brisions à nouveau la jambe.

— Non, ce n'est pas l'Enfer, mais par beau temps, je suis certain que l'on peut le voir !

Nous travaillâmes ainsi jusqu'à la mi-décembre. West et moi avions décidé de suivre un strict emploi du temps réservé aux blessés. Il ne nous restait donc que très peu de temps pour nos expériences. West instaura également une procédure destinée à réorganiser le personnel. Il créa une petite salle réservée à l'isolation des patients dont l'état était au-delà de tout traitement classique. Pour tout cela, nous fûmes aidés par Helman Carnby, qui se révéla être un assistant de valeur, avec, en particulier, de réels talents d'interprète. Né et élevé à Oakland, en Californie, il était, à une minute près, l'aîné de jumeaux qui avaient dédié leurs vies à l'occultisme. Il était venu en France il y a quelques années de cela, dans le but de visiter la bibliothèque du Château d'Erlette. Quand la guerre avait éclaté, il n'avait pu se résoudre à abandonner la Comtesse de Chagny et était demeuré à son service, tout en continuant d'étudier sa vaste collection de grimoires et de traités occultes.

Enfin, nous fumes assistés par l'un de nos patients, un certain Auguste Dewart, un anglais barbu au crane chauve et au nez plat qui nous faisait penser à une chèvre. Il avait reçu une formation médicale et, malgré la perte d'une jambe, se révéla extrêmement utile en tant qu'assistant. Il parcourait sans relâche la salle, s'aidant de ses béquilles, et s'assurait que tout le monde ait son content de conversation et de contact humain au moins une fois par jour.

Quand à notre gracieuse hôtesse, nous la voyions souvent. Dans la journée, elle venait au dispensaire. Elle escaladait l'échelle jusqu'à l'alcôve au rideau et accompagnait le concerto de son fils de son prodigieux talent vocal. Bien que de telles représentations étaient toujours superbes, il y avait une telle note de tristesse et de désespoir dans sa voix et dans le jeu de son fils que leur concerts nous émouvaient aux larmes, moi ainsi que beaucoup d'autres. Pendant toute cette période, il fut rare que nous puissions entrevoir le virtuose, et quand nous avions cette chance, il était immanquablement revêtu d'une tenue comportant des gants et un masque écarlate, qui ne laissait pas un pouce de chair exposé aux regards.

Les fêtes de fin d'année imminentes semblaient peser sur les décisions des officiers responsables du front, car le nombre de nouveaux patients que nous recevions se réduisit comme une peau de chagrin, si bien que West et moi finîmes par avoir plus de temps libre à consacrer au laboratoire que West avait installé. Nos trois patients avaient depuis longtemps succombé à leurs blessures, et leurs cadavres avaient reçu une injection du sérum de réanimation. Nous étions encore dans une phase de recherches. Inspirés par les travaux du Dr. Frankenstein et sa correspondance, nous avions décidé d'étudier la possibilité d'utiliser les corps ainsi réanimés en tant que sources de transplantations d'organes pour des blessés pouvant encore être sauvés.

Notre première source d'inspiration était les lettres d'un chirurgien Néo Zélandais du nom d'Harold Gillies, qui avait quitté le champ de bataille pour rentrer en Angleterre et qui se livrait à des expériences de greffes de peau en vue de reconstructions faciales. Une autre source d'inspiration était les travaux des Docteurs Alexis Carrel et Charles Guthrie, âmes sœurs et pionniers de la transplantation vasculaire. Les travaux de Carrel sur la transplantation lui avaient valu le Prix Nobel en 1912, et quand il était venu à Arkham pour donner une conférence sur la nature de la sénescence cellulaire, West et moi nous étions sentis tenus de le rencontrer et de lui remettre un échantillon de notre sérum. Il l'emporta avec lui et s'en servit dans le cadre d'une expérience pour le moins controversée : pendant plus de trente ans, il maintint en vie une culture de cellules embryonnaires de poulets en utilisant une solution nutritive de sa composition. Guthrie, lui, avait exploré des domaines que la médecine préférait éviter. On soupçonnait que le Nobel ait été attribué à Carrel plutôt qu'à Guthrie, non pas parce que ses compétences étaient moindres, mais parce que ses expériences, couronnées de succès, étaient très peu orthodoxes — des transplantations de têtes de chiens, par exemple. Les photos de ces animaux à deux têtes, bien que fascinantes, furent considérées comme des monstruosités blasphématoires par un aréopage de vieillards conservateurs et obscurantistes, détenteurs des rênes du pouvoir et des cordons de la bourse.

C'est donc grâce au génie de ces deux hommes que nous commençâmes à échafauder nos propres théories quant au problème de la transplantation d'organes. Utilisant notre sérum pour inhiber le phénomène de rejet, nous expérimentâmes le transfert de tissu cutané d'un patient à un autre, puis nous entreprîmes de greffer des membres et des organes. Enfin, nous n'eûmes pas d'autre choix que d'imiter Guthrie et d'ôter la tête de l'un nos patients pour la greffer sur un autre corps. Nous apprîmes beaucoup de ces expériences, si bien que, très vite, nous en vînmes à discuter des possibilités de transplanter membres et organes provenant de nos cadavres réanimés sur un sujet vivant. Nous fûmes d'accord que le jeune Dewart serait notre premier patient.

En secret, nous prîmes les dispositions nécessaires pour procéder à cette opération le plus vite possible. Mais, alors que nous nous préparions pour celle-ci, nous fûmes accostés dans le hall par Carnby, porteur d'un message de la Comtesse de Chagny, laquelle désirait nous voir immédiatement. Comme le jeune Dewart était déjà prêt, nous le laissâmes inconscient, mais attaché à la table d'opération.

Nous fûmes introduits dans un magnifique salon où nous attendaient la Comtesse de Chagny et son fils, toujours masqué. Elle tenait en main notre journal, qui contenait le rapport détaillé de nos expériences. West voulut protester, mais je lui mis une main sur l'épaule et lui demandai de patienter. Quand nous fûmes assis, Carnby prît la parole :

— Comme vous le savez sûrement, Madame la Comtesse, lorsqu'elle était plus jeune, fut la victime d'un admirateur fanatique. Ce n'est que grâce aux efforts héroïques de son fiancé, Raoul de Chagny, qu'elle put se soustraire à ses attentions. Malheureusement, le frère aîné du Vicomte n'eut pas cette chance… Raoul épousa Madame la Comtesse et, peu de temps après, celle-ci accoucha d'un enfant… (Pendant que Carnby racontait son histoire, la Comtesse baissait les yeux.) Mais, dès la naissance, il devint évident pour tous que le véritable père de cet enfant n'était pas le Vicomte mais l'admirateur importun de la Comtesse. Anéanti par cette nouvelle, Monsieur de Chagny bannit son épouse et son enfant et la contraint à vivre dans cette demeure reculée. Cela fait trente-quatre ans que Madame la Comtesse et son fils vivent ici. C'est leur foyer, le seul que le jeune maître n'ait jamais connu. Madame la Comtesse n'ose pas imaginer ce qu'il fera s'il en est chassé…

— Pourquoi serait-il expulsé ? s'enquit West.

La Comtesse se leva et répondit tout en nous tournant le dos.

— Mon époux est d'un caractère très volatil, docteur West. Pendant trente ans, j'ai réussi à le calmer, mais je vais bientôt quitter ce monde. Mon docteur m'a dit que j'ai un cancer qui me dévore, et qu'il me reste très peu de temps à vivre. Je quitte ce bas-monde sans le moindre regret, mais je ne peux supporter l'idée que mon fils endure la rage du Comte, qui s'abattra sur lui quand j'aurais disparue… (Elle se retourna et nous lança un regard suppliant). Je dois le préparer à une vie normale, au-delà de ces murs. Pendant ces dernières semaines, je vous ai observés et j'ai lu vos rapports. Je pense qu'il est possible d'appliquer vos méthodes à d'autres pathologies — des pathologies congénitales. Pour que mon fils puisse survivre dans le monde, il faut rendre son apparence acceptable aux yeux des gens ; il faut atténuer ses difformités. Il doit acquérir un visage plus humain…

West se leva. Je devinai qu'il était prêt à rejeter la demande de la Comtesse, car je connaissais sa manière de penser. Il n'avait aucun désir de lui donner satisfaction dans la mesure où cette requête ne servait en rien ses ambitions secrètes. Alors, plutôt que de le laisser parler le premier, je pris rapidement la parole :

— Madame la Comtesse, vous avez été des plus hospitalières, et nous avons quelque peu abusé de votre confiance. Si nos compétences peuvent servir à aider votre fils, nous nous exécuterons bien volontiers.

J'attendis brièvement que quelqu'un d'autre prenne la parole, mais la Comtesse fit un geste de la main et son fils, toujours drapé dans sa robe, se leva et s'approcha de nous.

— Zann, dit-elle, peux-tu montrer à ces médecins pourquoi nous avons besoin de leurs services.

Si la musique que jouait cet homme était d'une grande beauté, le musicien, une fois dépouillé de sa robe, de son masque et de ses gants, aurait terrifié n'importe qui. Squelettique, presque dépourvu de tissus adipeux et de masse musculaire, sa peau était jaune, translucide, presque comme du parchemin. Il n'avait pas de nez, seulement deux fentes largement ouvertes qui surplombaient une bouche taillée au couteau et dépourvue de lèvres. Ses yeux, profondément enfoncés dans leurs orbites, étaient jaunes. Au sommet de son crâne végétaient quelques mèches éparses de cheveux d'un noir de jais. Si j'avais vu cet homme au fond d'une tranchée, j'aurais pensé qu'il était mort de déshydratation et de famine. Le fait de dire qu'il ressemblait à un cadavre ambulant ne rendait pas justice à la condition tragique de cette pauvre créature.

J'entendis West demander à Carnby :

— Il s'appelle Zann ?

Carnby secoua la tête :

— Non, non. Zann est juste un surnom ; cela signifie 'ornement.' Quand il était enfant, il avait l'habitude de s'accrocher à la jambe de sa mère, d'où ce sobriquet. Mais elle l'a prénommé Eric, comme son père.

À nouveau, je focalisai mon attention sur mon patient.

— Erik Zann… (Je m'efforçai d'adopter une attitude très douce.) Je suis le Docteur Daniel Cain… Je souhaiterais, si vous le permettez, vous examiner…

Le monstre hésita, puis prit la parole ; sa voix était profonde, emplie de ténèbres et de mystère :

— Docteur Cain… (chaque syllabe était prononcée avec une rare intensité)… vous voudrez bien me pardonner si je semble réticent. Depuis ma naissance, on m'a caché au monde, un monde qui ne ferait que me craindre et me mépriser ; un monde qui, s'il en avait l'opportunité, me mettrait à mort comme il l'a fait pour mon père. Par conséquent, je pense qu'avant de m'exposer à quiconque, un moment de prudence est judicieux…

— Erik, je trouve votre position, au vu de votre fardeau, entièrement logique, voire admirable, mais, si vous m'y autorisez, je pense pouvoir trouver un moyen d'améliorer celui-ci et de faire en sorte que vous n'ayez plus jamais à vivre dans la peur.

Je passai les trois heures suivantes à examiner la pauvre créature. Je l'auscultai, regardai dans ses oreilles et sa gorge, pris des échantillons de peau et de sang, vérifiai ses réflexes, son rythme cardiaque, sa pression sanguine et braquai même une lampe dans ses yeux pour contrôler ses réponses oculaires. Ce que je découvris me remplit de surprise. Malgré ses difformités physiques, son système nerveux, ainsi que sa constitution, étaient remarquables. Sa force et sa vitesse étaient surnaturelles. Ses sens, plus particulièrement son ouïe, étaient plus aiguisés que la normale. En outre, il avait le rare talent de pouvoir parfaitement imiter n'importe quel son, utilisant aussi bien sa voix que son violon, qu'il ne quittait jamais. Cet instrument était devenu comme une partie de lui-même ; il ne s'en séparait jamais et n'arrêtait d'en jouer que lorsque cela était absolument nécessaire. Cela rendit l'examen à la fois difficile et étrangement agréable. La seule personne qui semblait insensible au charme monstrueux d'Erik était mon collègue, Herbert West.

C'est alors que l'idée obsédante qui me tortillait l'esprit finit par jaillir. Je regardai ma montre, proférai un juron et me précipitai hors de la pièce. West et Carnby me suivirent, mais nous arrivâmes trop tard. Le pauvre Dewart qui, apparemment, s'était réveillé quelques heures plus tôt, avait fait ce que n'importe quel homme dans sa situation aurait fait. Malheureusement, en essayant de se libérer des sangles, il avait renversé le billard. Incapable de se relever, il était mort étouffé lentement.

Pendant que Carnby s'en allait informer les Chagny, West et moi nous occupions de feu Dewart. Nous redressâmes la table d'opération et remîmes son corps en position, s'assurant que les sangles étaient toujours intactes et bien serrées. Puis, sans hésiter, je soulevai la tête de l'homme et plongeai à la base de son crâne une seringue emplie de notre sérum de réanimation vert et bioluminescent. Ensuite, reposant sa tête, je pris ma montre à gousset et mon carnet de notes puis observai les réactions de notre patient alors que le sérum commençait à faire effet. Comme d'habitude, la première manifestation fût un spasme incontrôlé de tout le système musculaire qui fit se ruer le corps contre les sangles. Cela fut suivi d'une période de calme pendant laquelle les yeux et tous les autres sens se remirent à fonctionner, provoquant chez le patient une hystérie frénétique causée par la décharge massive d'informations saturant le cerveau du mort après une absence totale de stimuli.

Alors que Dewart gisait là, les yeux exorbités, Carnby, la Comtesse et Erik firent leur entrée. C'était mal venu, car la phase suivante du processus de réanimation allait juste commencer. Les poumons de Dewart se remirent à fonctionner, et cela, couplé au torrent d'informations sensorielles que recevait son cerveau, déclencha une réponse automatique que nous connaissions bien. Des lèvres du mort jaillit le plus horrible des cris, un cri d'angoisse si terrible qu'Erik et sa mère se mirent à pleurer.

Puis Dewart s'écroula en tremblant et balbutiant des propos incohérents.

Erik se tourna vers Carnby :

— Je croyais que vous aviez dit qu'il était mort ?

Carnby était trop abasourdi pour répondre. West contempla le trio, l'air curieux et la tête inclinée, signe qu'il se demandait si son interlocuteur plaisantait ou était trop stupide pour comprendre.

— Bien sûr qu'il était mort ! s'écria-t-il, rajustant son manteau et sa chemise. Je l'ai ramené à la vie !

Quand tout le monde fut calmé, West et moi commençâmes à envisager quelles options s'offraient à nous pour traiter Erik. Au départ, nous pensions transplanter sa tête sur le corps de Dewart, mais cette possibilité fût rejetée, car non seulement elle n'aurait pas résolu le problème de sa laideur, mais, de plus, elle aurait dépendu de la constitution de Dewart et de la suppression des phénomènes de rejet. Par conséquent, nous nous concentrâmes plutôt sur la transplantation de peau et de tissus vasculaires. Vu que la procédure que nous envisagions requérait d'importants actes chirurgicaux, nous commençâmes rapidement mais sommairement à évaluer le nombre de donneurs de sang potentiels. Nous évaluâmes tous les patients, plus Carnby et la Comtesse. Plusieurs d'entre eux étaient compatibles, ainsi que la mère d'Erik. Lorsqu'elle l'apprît, elle nous fît comprendre sans ambages qu'elle serait la donneuse alpha.

Le plan que nous avions conçu était simple : après avoir déterminé la compatibilité, nous enlèverions purement et simplement le visage et les mains d'Erik pour les remplacer par des greffons récoltés sur des réanimés. Le reste de son corps pouvait être dissimulé sous des vêtements. Malheureusement, la première partie de cette opération serait très expérimentale et, sans nul doute, tout aussi douloureuse. Afin de confirmer la compatibilité des donneurs réanimés, Erik subirait trois transplantations simultanées, une pour chaque donneur. Nous avions l'intention de faire ces greffes sur le bas de son dos, et sur des portions de grande taille. Nous espérions que les trois échantillons seraient compatibles, mais la triste réalité était que, même avec l'agent réactif comme suppresseur, nous aurions sûrement à affronter les aléas d'un rejet.

Tôt dans la matinée, nous commençâmes la première phase de l'opération dans l'une des nombreuses chambres du château. Tout d'abord, nous endormîmes Erik avec de larges rasades de brandy, jusqu'à ce qu'il s'évanouisse. Carnby nous aida ensuite à l'attacher sur un billard de fortune, pendant que la Comtesse était installée dans un lit voisin. West remarqua qu'elle n'avait pas l'air en forme ; elle approuva de la tête et murmura que la tension des dernières semaines l'avait extrêmement fatiguée. West et moi savions pertinemment que la fatigue ne pouvait expliquer sa perte de poids et sa pâleur maladive ; je soupçonnai que le cancer qui ravageait son corps avait dû progresser rapidement.

Précautionneusement, je retirai quatre bandes de peau du ventre d'Erik, pendant que West se chargeait de prélever des bandes de remplacement sur nos donneurs. Chaque donneur portait un nom de code : Bleu, Rouge, Vert et Blanc ; ceci était nécessaire afin d'éviter toute confusion sur l'origine des tissus. Carnby servait d'intermédiaire, m'apportant chaque bande de peau du laboratoire de West dès qu'elle était prête. Je travaillais aussi vite que possible, suturant les tissus provenant du réanimé Bleu, puis du Vert, ensuite du Rouge et finalement du Blanc.

Alors que j'ôtais le dernier morceau de gaze, je remarquai que West n'était pas remonté des catacombes pour évaluer les réactions du corps d'Erik aux tissus transplantés.

Laissant Carnby avec des instructions précises, je fonçai dans les catacombes et fit irruption dans le laboratoire. Là, je trouvai West cloué au sol par le patient Vert, que j'identifiai comme étant Dewart. Ce dernier avait la main serrée autour de la gorge de West et le trainait contre le mur de la caverne. Me saisissant d'une chaise en bois, je la fracassai contre la jambe restante de Dewart, précipitant l'homme au sol et libérant mon ami de sa poigne.

Brandissant le pied de la chaise fracassée comme un gourdin, j'aidai West à se relever, tout en surveillant son agresseur qui se débattait, incapable de se relever avec une seule jambe. Ayant quelques expériences avec des réanimés incontrôlables, West et moi entreprîmes d'attacher Dewart à son lit puis de le bâillonner. Un contrôle des donneurs restants nous apprit qu'ils étaient inoffensifs, et nous retournâmes donc en chirurgie pour suivre les progrès d'Erik.

Au bout d'un moment, il devint clair que son corps rejetait trois des quatre échantillons. La chair autour des greffons avait gonflé ; elle était devenue rouge et chaude au toucher. Même avec l'agent réactif destiné à supprimer le rejet, son sang s'agglutinait entre son corps et les tissus greffés. Craignant une réaction plus sérieuse, West arracha sommairement mes sutures et jeta les tissus en question dans une poubelle. En étudiant le dernier greffon, celui qui ne montrait aucun signe de rejet, il lâcha un juron. Nous avions trouvé un donneur compatible, mais par malheur, celui-ci n'était autre qu'Auguste Dewart !

West ordonna à Carnby de le suivre. Bien vite, le jeune homme revint, pâle et effrayé. J'avais une idée du spectacle qu'il avait dû contempler ; les actes chirurgicaux que nous pratiquons étaient de nature à épouvanter les âmes simples. Je me saisis des deux bandes de tissu humain que West avait prélevé sur Dewart et les suturai rapidement sur les plaies causées par les premiers rejets. Alors que je finissais, West fit son apparition avec une troisième bande qui fut prestement greffée.

Nous attendîmes alors une bonne heure. La tension était à son comble. Carnby sentait bien que quelque chose de malsain venait de se produire, mais il ne pouvait ni dire, ni comprendre de quoi il s'agissait. Je sentais bien qu'il voulait dire quelque chose à la Comtesse, mais néanmoins il garda le silence. De notre coté, West et moi vérifions régulièrement les zones transplantées. Bien que la greffe originelle semblait stable, nous redoutions que les tissus réanimés ne viennent compliquer la procédure. Par chance, ceux-ci ne montrèrent aucun signe de rejet. Donc, sans plus d'hésitations, j'entrepris d'enlever la peau de la tête d'Erik pendant que West retournait à la cave se procurer les tissus de remplacement.

Je commençai mon incision sur le torse d'Erik, juste en dessous de son cou, puis j'incisai le long de chaque épaule en direction du dos. Avec l'aide de Carnby, je soulevai précautionneusement Erik afin de relier les deux incisions jusqu'à un point situé entre ses épaules. Ensuite, je poursuivis l'incision à partir du dos, remontant le long du cou jusqu'à l'arrière de son crâne. Avec une extrême précaution, je me saisis des deux morceaux de peau et les décollai du corps d'Erik, un peu comme on pèle une orange. Par moments, je jouai du scalpel pour découper certaines zones où les tissus conjonctifs résistaient. Lorsque j'en fus à la calotte crânienne, je demandai à Carnby de tenir le corps d'Erik pendant que j'enlevai une masse de peau qui ressemblait à une capuche. Le résultat était un homme écorché, insoutenable à regarder. Fort heureusement, la Comtesse de Chagny avait sombré dans une bienveillante inconscience avant que la figure sanguinolente de la tête de son fils ne fût débarrassée de sa peau.

Au bout d'un certain temps, West revint avec de la chair de remplacement, y compris les tissus cartilagineux dont nous avions besoin pour reconstruire un nez. D'un signe de tête, je lui signifiai ma reconnaissance, car, pour une fois, il avait privilégié les précautions médicales au détriment de l'expérimentation. Il avait procédé aux mêmes incisions que moi, si bien qu'une fois les tissus du nez fixés, il ne restait qu'à tirer sur la nouvelle peau pour la mettre en place sur le crâne, en centrant bien le visage, puis en suturant et découpant aux endroits stratégiques pour éviter qu'elle ne se relâche. Cette procédure nous prit moins d'une heure. Après quoi, nous nous accordâmes un moment de répit pour admirer notre travail. Le nouveau visage d'Erik n'était pas particulièrement beau, mais, par rapport à l'ancien, c'était un progrès sensible. Il était toujours chauve, mais il avait un nez, bien que celui-ci fût plutôt large et plat. Si l'on rajoutait à cela la moustache et la barbe de Dewart, Erik ressemblait maintenant à une espèce de Méphistophélès de théâtre.

Alors que nous nous assurions qu'Erik était toujours inconscient, avant de passer au stade suivant de la procédure, nous fûmes soudainement interrompus par un violent hurlement provenant des catacombes. West, Carnby et moi nous ruâmes dans les escaliers et découvrîmes que Dewart avait réussi à se libérer de ses entraves et s'agitait comme un fou. Le haut de son corps, dépourvu de peau, le faisait ressembler à quelque spectre morbide revenu se venger de ses tortionnaires. Tout le mobilier avait été jeté au sol ; les récipients de verre étaient fracassés ; les instruments chirurgicaux volaient dans tous les sens. Lorsque nous nous avançâmes pour réduire le monstre à l'impuissance, je le vis se saisir d'une seringue phosphorescente et d'un flacon contenant un liquide vert brillant. West et moi fûmes incapables d'empêcher ce qui se produisit ensuite. La seringue vola à travers la pièce pour venir se ficher, telle une dague, dans l'épaule droite de Carnby. Puis ce fut le tour du flacon, qui s'écrasa contre le mur, arrosant de sérum les autres réanimés. Au comble de la rage, sans doute dopés par la surexposition au réactif, ceux-ci arrachèrent leurs liens et commencèrent à avancer en titubant vers nous.

Pleinement conscient qu'une catastrophe venait de se produire, j'agrippai Carnby et j'ordonnai la retraite vers les escaliers. West récupéra subrepticement sa sacoche et nous suivit. Alors que nous partions en courant, j'entendis les créatures commencer à ravager la caverne. Entendant leurs cris, les infirmières de garde voulurent se précipiter vers la cave, mais je leur commandai de remonter les escaliers. Néanmoins, pleines de confusion, elles restèrent sur place. C'est à ce moment là que la porte du laboratoire privé de West vola en éclats et que les créatures commencèrent à se répandre dans le dispensaire. J'aperçus d'horribles visions de morts phosphorescents massacrant les autres patients sans hésitations ni pitié. Pire, les résidus du sérum qu'ils charriaient sur eux s'infiltraient dans les blessures de leurs victimes, les réanimant à leur tour et propageant la peste de morts qui marchent dans toutes les catacombes.

Débordés, les infirmières sur nos talons, nous atteignîmes le sommet de l'escalier et verrouillâmes la porte. Nous allâmes même jusqu'à pousser une statue devant elle pour la maintenir fermée. Les infirmières s'enfuirent par la porte d'entrée et s'éparpillèrent dans la nuit. Carnby courût en direction du bloc chirurgical, pendant que West et moi nous demandâmes comment endiguer l'épidémie. Nos sombres pensées furent interrompues quand Carnby hurla que la Comtesse de Chagny ne respirait plus.

Je me ruai à son chevet et vérifiai ses dires. Elle était devenue glaciale, et je ne pus trouver de trace de pouls. Je maudis mon erreur : la Comtesse ne s'était pas trouvée mal à la vue de la chirurgie pratiquée sur son fils ; elle venait de succomber à son cancer. Je signalai qu'elle était morte depuis trop longtemps et que la médecine conventionnelle ne pouvait plus rien pour elle.

West et moi échangeâmes un regard entendu, que Carnby ne manqua pas de surprendre. Jamais auparavant je n'avais vu sur un visage une telle expression de terreur. Helman Carnby avait deviné ce que nous avions l'intention de faire mais il savait qu'il ne pouvait rien faire pour nous en empêcher. Résigné, il quitta la pièce, nous laissant avec nos appareils. Ce que nous fîmes ensuite fut ce que la Comtesse de Chagny nous avait demandé de faire et c'est ce qu'elle aurait voulu que nous fassions.

L'opération d'Erik se conclut sans encombre. Les greffes sur son visage et ses mains cicatrisèrent rapidement et il récupéra très vite. La perte de sa mère lui causa une crise de mélancolie, mais il avait été préparé à ce funeste événement et surmonta cette tragédie plutôt bien.

Quand aux créatures des catacombes, nous n'ouvrîmes la porte qu'une seule et brève fois, uniquement pour rajouter la dernière victime de notre sérum aux créatures qui erraient là-dessous. Seuls Carnby, West et moi connaissions la vérité sur ce qui s'était passé cette nuit-là. Nous convînmes de n'en rien dire à Erik, pensant qu'il valait mieux qu'il ne le sache pas.

Stupidement, nous pensions que les catacombes garderaient leur horrible secret, mais il en fut autrement. Alors que, dans notre forteresse entourée de neige, nous nous occupions du sort d'Erik, les gémissements provenant de derrière la porte cessèrent lentement. Bien que nous craignions le pire, nous refusâmes d'ouvrir la porte et nous aventurer en dessous. Nos soupçons furent confirmés quand nous reçûmes des nouvelles étranges du village voisin. On racontait que des soldats, rendus fou par la guerre, avaient pillé les villes proches, attaquant et assassinant les villageois sans pitié. Fatalement, l'un de ces forcenés fût capturé et pendu pour ses crimes. Quand le corps au cou brisé continua de s'agiter, il y eu des rumeurs de nécromancie et les paysans superstitieux confièrent rapidement la créature non-morte au brasier. L'hiver amena aussi son cortège d'horreurs à ceux qui étaient encore dans les tranchées. Dans les deux camps, on rapporta l'histoire de soldats fous se livrant à des actes impies. Ces rumeurs alimentaient la vile propagande selon laquelle les allemands se livraient au *Kadaververwertungsanstalt*, littéralement la réutilisation de cadavres. Enfin, on rapportait fréquemment que, comme dans la légende des Anges de Mons, une dame spectrale, vêtue de blanc et portant des gants rouges, arpentait les champs de bataille en chantant les plus beaux des airs d'opéra. Les soldats, envoûtés par son chant de sirène, s'aventuraient dans le no man's land où ils disparaissaient à jamais.

En mars, avec le dégel, nous fîmes nos bagages, emportant tout ce que nous pouvions, et prîmes la route de Paris sur une charrette. Carnby s'empara de tout ce qu'il avait osé prélever dans la bibliothèque. Je savais que West avait escamoté *Les Commentaires du Docteur Pretorius*. Erik, lui, prit son violon, une photo de sa mère ainsi que plusieurs livres de musique et partitions diverses, mais laissa derrière lui la majorité de ce qui avait été autrefois ses biens.

Une fois à Paris, nous rencontrâmes les responsables de l'Opéra et, grâce à une lettre de recommandation écrite par sa mère, Eik obtint une place dans l'orchestre, sous un nom d'emprunt. West et moi nous retournâmes au front pour continuer nos expériences, jusqu'à ce que les grandes puissances décrètent l'armistice. Carnby s'embarqua pour les Etats Unis et retourna en Californie étudier avec son frère. Bien des années plus tard, j'appris que quelque chose de fâcheux s'était produit entre eux et qu'ils avaient disparu dans l'incendie de leur maison à Oakland.

Au fil des ans, je continuai de correspondre avec Erik. Il demeurait sans doute notre plus grande réussite, et je suivais de près ses progrès. Il devint rapidement une célébrité locale, renommé pour sa musique, sa voix de baryton et son apparence méphistophélique. Cela lui permit, en 1918 et 1919, de figurer au générique de spectacles sur les forces sur-naturelles. La dernière lettre qu'il me posta était datée de 1920, après son retour d'une tournée des capitales européennes. Il avait joué le rôle du Diable qui, se rendant à Tbilissi en Géorgie, défie un jeune garçon de ferme dans un duel musical. Malheureusement, cette tournée semblait avoir pesé lourdement sur le jeune homme. Il avait perdu sa voix ; la peau de ses mains et de son visage paraissait avoir vieilli dramatiquement en l'espace de quelques semaines. Je me demandais si, après toutes ces années, il subissait un phénomène de rejet des tissus greffés. Je lui répondis en suggérant une série de traitements, évoquant la possibilité d'une visite de ma part pour pouvoir l'examiner en personne. Mais je ne reçus pas de réponse et n'eus plus jamais de ses nouvelles. Mes lettres adressées à l'Opéra me furent renvoyées. Malgré tout, je chéris la revue qu'Erik m'avait envoyée, qui commentait sa performance à Londres :

Bien que certains prétendent que l'opéra actuellement à l'affiche à Covent Garden s'adresse aux goûts les moins raffinés de la populace, la critique est unanime pour dire que la performance d'Eric Zann est une contribution majeure à l'opéra moderne.

Ses prouesses dans le rôle du Diable sont parachevées non seulement par son apparence physique, mais aussi par son art vocal quasi-divin. De plus, sa voix est enrichie, peut-être même surpassée, par sa maîtrise du violon.

Son style est d'une telle magnificence que, à mon humble avis, ses mains magnifiques doivent être un don de Dieu, à moins qu'elles n'aient été dérobées à un Ange déchu de la Musique.

Extrait des *Compagnons de l'Ombre* 8
© 2011, Peter Rawlik

Ron Sutton

Rick Veitch

Pete Von Sholly

Mike Vosburg

Phil Yeh

Thomas Zahler

Randy Lofficier : *Comment je vois Erik*

Il y a plus de quarante ans, j'ai décidé d'apprendre le français. J'ai commencé par lire des magazines, notamment *Elle*. Je lisais surtout les publicités, car c'était le plus facile à comprendre. Mais après plusieurs mois de lecture studieuse, je me suis enfin rendue compte que j'arrivais aussi à lire les articles. Je me suis alors tournée vers les bandes dessinées — un choix naturel chez nous !

Puis, un jour, j'ai senti que je maîtrisais suffisamment la langue pour m'attaquer à quelque chose de plus consistant : un roman.

Pourquoi ai-je choisi *Le Fantôme de l'Opéra* comme premier roman ? Pour être honnête, je ne m'en souviens plus. Peut-être tout simplement parce qu'il était là, sur l'étagère. Peut-être parce que je pensais déjà en connaître le sujet pour avoir vu les différentes adaptations cinématographiques. Mais cela n'a pas vraiment d'importance, car c'est lui que choisis.

La première chose qui m'étonna fut la modernité du texte. On n'avait pas l'impression d'un livre écrit il y a plus de cent ans. La deuxième chose qui me frappa fut que l'histoire était bien plus dense que tous les différents films que j'avais vus. Le personnage d'Erik avait une profondeur qui manquait totalement à tout ce que j'avais vu auparavant. La nature véritablement monstrueuse de son être, telle qu'elle se reflétait dans l'horreur de son visage, était remarquablement effrayante.

Le héros, Raoul, était plutôt lâche, et Christine un peu idiote et naïve. Mais Erik, lui, était mauvais et sournois, totalement convaincu de la justesse de ses actions. En apprenant à le connaître grâce au récit du Persan, j'eus le sentiment de croire qu'il avait vraiment existé.

Comme l'a fait E.L. Doctorow après lui, Gaston Leroux avait habilement mélangé faits et fiction d'une manière qui accroissait la réalité de l'horreur de son récit. Il était difficile de croire que rien de ce qui était décrit dans le livre ne s'était réellement produit. De plus, comme il était journaliste, son langage demeurait vif et percutant, pas romantique. Tous ces éléments se combinaient pour faire une lecture captivante qui ne me laissa pas une seule minute de répit.

Et c'est peut-être ce qui rendait le livre vraiment terrifiant : le sentiment que je lisais un compte-rendu d'événements peut-être réels. Je pouvais « voir » le chasseur de rats et son troupeau de vermine courir sous les rues de Paris. Je pouvais « voir » le vaste lac souterrain près duquel vivait Erik. J'étais fasciné par ce paysage incroyable qui existait sous l'Opéra de Paris.

Comment était-il possible qu'un lustre ne soit pas tombé pendant une grande représentation, blessant des dizaines de personnes ? L'Opéra était-il vraiment rempli de portes dérobées et de passages secrets ? Je voulais vraiment croire que c'était le cas !

J'ai ensuite été surprise lorsque je jetai finalement un œil à l'une des versions du *Fantôme* traduite en langue anglaise. Toute la puissance de la langue manquait et le livre était devenu turgescent et lourd. Il était également clair pour moi que les différentes adaptations cinématographiques avaient ignoré l'essentiel de na nature d'Erik. Il n'était pas un héros tragique, mais plutôt un véritable monstre. Son âme est encore plus corrompue que sa chair. On ignore totalement le fait que, parce que son visage est hideux, il a été rejeté depuis sa naissance par tous ceux qu'il a connus, y compris ses propres parents.

La cruauté innée de l'humanité est donc tout aussi responsable de ses actions futures que lui-même. En prétendant que, comme Quasimodo, son extérieur pervers cache un cœur d'or, la déplaisante vérité n'est jamais dévoilée : Erik n'a pas de cœur. Ou plutôt, il n'en a plus, Celui-ci a été réduit en miettes avant même qu'il ne quitte la ville de son enfance.

Je sais que pour la plupart des gens, *Le Fantôme de l'Opéra* est l'histoire d'un amour romantique voué à l'échec. Mais pour moi, ce livre restera toujours un puissant récit de terreur et de brutalité. Je l'ai relu plusieurs fois depuis, et je n'ai jamais manqué d'arriver aux dernières pages sans qu'un sentiment de véritable horreur ne m'ait à nouveau touchée.

TABLE DES MATIÈRES

www.ingramcontent.com/pod-product-compliance
Ingram Content Group UK Ltd.
Pitfield, Milton Keynes, MK11 3LW, UK
UKHW051901270225
455667UK00008B/112

THE CENTRAL EURASIAN STUDIES LECTURES

2

TECHNICIAN TRANSFERS IN THE MONGOLIAN EMPIRE

by

THOMAS T. ALLSEN

The College of New Jersey

DEPARTMENT OF CENTRAL EURASIAN STUDIES

INDIANA UNIVERSITY

2002

The Central Eurasian Studies Lectures
Editor: Daniel Prior
Associate Editor: Thomas Welsford
ISSN 1534-2670

Department of Central Eurasian Studies
Indiana University
Goodbody Hall 157
1011 East 3rd Street
Bloomington, Indiana 47405-7005 U.S.A.
www.indiana.edu/~ceus/

Major funding was provided by the IU Office of International Programs, Commitment to Assist Student Initiatives, the Inner Asian and Uralic National Resource Center, and the Medieval Studies Program.

TECHNICIAN TRANSFERS IN THE MONGOLIAN EMPIRE

The role of the arts in East-West exchange is clearly evident in the historical and archaeological record and can be traced back to deep antiquity. In the Mongolian era this is most pronounced in the Chinese influence on Persian painting. This was manifested in the growing importance of landscape, particularly in its relationship to living creatures, in the treatment of clouds and horizons, and in the use of color.[1] And in the fourteenth century, a period of the florescence of the illustrated manuscript, reasonably accurate depictions of Chinese themes, particularly dress and court scenes, became commonplace.[2] Moreover, this was not a passing fad, a brief moment of chinoiserie, but a phenomenon that took deep root in the Eastern Islamic world and outlived Mongolian rule by centuries.[3]

While there is no doubt about Chinese influence, there is somewhat less certainty about the exact channels of transmission. Art objects, circulated as trade goods or as princely presentations, often played a critical role in this process.[4] In one instance, it can be demonstrated that the West Asian productions were copied directly from specific, and readily identifiable, Chinese paintings.[5] There are, as well, literary references to the

---

[1] Among the many studies on this subject, see Eric Schroeder, "Ahmed Musa and Shams al-Dīn: A Review of Fourteenth Century Painting," *Ars Islamica* 6/2 (1939), pp. 127 ff.; David Talbot Rice, *The Illustrations to the World History of Rashīd al-Dīn*, ed. by Basil Gray (Edinburgh University Press, 1976), pp. 5-9; Priscilla Soucek, "The Role of Landscape in Iranian Painting to the 15th Century," in William Watson, ed., *Landscape Style in Asia* (Percival David Foundation Colloquies in Art and Archaeology in Asia, no. 9; London, 1980), pp. 86-109; and Günar Inal, "Artistic Relationship between the Far and Near East as Reflected in the Miniatures of the *Jāmiᶜ al-Tavārīkh*," *Kunst des Orients* 10 (1976), pp. 108-43.

[2] G. M. Meredith-Owens, "Some Remarks on the Miniatures in the Society's *Jāmiᶜ al-tawārīkh*," *Journal of the Royal Asiatic Society* (1970), pp. 196-97, and Sheila S. Blair, "The Development of the Illustrated Book in Iran," *Muqarnas* 10 (1993), p. 270.

[3] Priscilla Soucek, "The New York Public Library Makhzan al-Asrār and its Importance," *Ars Orientalis* 18 (1990), p. 9 ff.

[4] S. A. Huzayyin, *Arabia and the Far East: Their Commercial and Cultural Relations in Graeco-Roman and Irano-Arabian Times* (Cairo: Publications de la societé royale de géographie d'Egypte, 1942), pp. 217-18. For Chinese stylistic conventions transmitted to Western Europe by these mechanisms, see Lauren Arnold, *Princely Gifts and Papal Treasures: The Franciscan Mission to China and its Influence on the Art of the West* (San Francisco: Desiderata Press, 1999), pp. 119-33.

[5] Nancy Shatzman Steinhardt, "Siyah Qalem and Gong Kai: An Istanbul Album Painter and a Chinese Painter of the Mongolian Period," *Muqarnas* 4 (1987), pp. 59-71. For examples of direct artistic copying before the Mongols, see Michael Rogers, "China and Islam – The

(continued on next p.)

use of objects in the transmission of decorative motifs. This comes, not
unexpectedly, in the writings of Rashīd al-Dīn. In discussing gourds (*kadū*)
in his agricultural manual, he mentions in passing that in Yazd and Iṣfahān
"they paint them [i.e., the gourds] in the manner of chinaware [*ālāt-i
khitā'ī*] and turn them into wine cups."[6] This is a most revealing statement
since it indicates that by the beginning of the fourteenth century chinaware
was well known in Iran and that Chinese designs and decorations were
commonly used on goods that were mass produced by local artisans.
Interest in things Chinese was therefore hardly limited to artists and artisans
employed by the royal workshops, but was widespread among the general
populace.

More problematical is the role of transplanted artists in this
exchange. Were there Chinese painters demonstrating their skills to their
counterparts in Iran? This cannot be answered with confidence, but if we
ask the same question about artisans and technicians, the answer is clear:
large numbers of specialists were indeed transported back and forth across
Eurasia. This fact, in turn, opens up new avenues to explore the exchange
of both art and technology.

To date, studies of artisans under the Mongols have generally
concentrated on their legal and social status, but as I have argued
elsewhere, the empire's massive and systematic mobilization of artisans
constitutes a most important and still largely unwritten chapter in Eurasian
cultural history.[7] In what follows I will attempt to demonstrate the potential
of this line of inquiry.

The Mongols' practice of collecting and distributing individuals and
peoples was well established in Chinggis Qan's day. He regularly
apportioned defeated peoples among his family and retainers.[8] Naturally,
those first parcelled out were nomads, but as the Mongols extended their
dominion over sedentary peoples, they began to amass, quite consciously,
specialists of all types—scientists, ritual experts, merchants, administrators,

Archaeological Evidence in the Mashriq," in D. S. Richards, ed., *Islam and the Trade of
Asia* (Papers on Islamic History, 2; Oxford: Bruno Cassirer and Philadelphia: University of
Pennsylvania Press, 1970), pp. 67-80.
[6] Rashīd al-Dīn, *Āthār va Aḥyā'*, ed. by M. Sutūdah and I. Afshār (Tehran University Press,
1989), p. 189.
[7] Thomas T. Allsen, *Commodity and Exchange in the Mongol Empire: A Cultural History of
Islamic Textiles* (Cambridge University Press, 1997), pp. 30 ff. for a more detailed
discussion.
[8] *The Secret History of the Mongols*, trans. by Francis W. Cleaves (Cambridge, Mass.:
Harvard University Press, 1982), sect. 186-187, p. 114, sect. 208, pp. 149-50, and sect. 242,
p. 175; and Igor de Rachewiltz, ed., *Index to the Secret History of the Mongols* (Indiana
University Publications, Uralic and Altaic Series, vol. CXXI; Bloomington, 1972), sect.
186, p. 95, sect. 187, pp. 95-96, sect. 208, pp. 119-20, and sect. 242, p.138.

technologists and artisans. One of the earliest statements of this policy of identifying and sparing the lives of such specialists came in 1217, during the campaign against the Jin, when orders were given to execute all "rebels" (i.e., resisters) except those who were artisans.[9]

In the West, a similar pattern is apparent. When Samarqand was taken in 1221, many were put to the sword, but the artisans were expressly spared and distributed among the Mongolian notables.[10] Carpini, in the 1240s, notes, too, that when cities are induced to surrender, the Mongols "seek out the artificers among them and keep these."[11] The Mongols' incessant search for artisans became quite well known and in some cases induced well-advised flight. In 1255, just as Mongolian census takers entered the Rus principalities, various artisans, described as saddle-, bow-, and quivermakers, as well as iron-, copper-, and silversmiths, fled central Russia for the West seeking sanctuary in Kholm in Volynia.[12]

Artisans who did not escape were entered on the census rolls by occupation and divided into different categories. Some were sent to the army, where they served in engineering and artillery units. Others became government artisans permanently attached to court workshops, while still others, probably the largest category, were classified as civil artisans who sustained themselves through manufacture and trade and provided goods and services to the empire through corvée and taxes.[13] All, in other words, were at the beck and call of the Mongolian ruling strata.

The greatest pool of artisans of every description was, of course, in China and West Asia and the Mongols made every effort to identify and mobilize this segment of the population. In China, artisan households (*jianghu*) were one of the four official categories, together with military,

[9] *Yuanshi* (Beijing: Zhonghua shuju, 1976), ch. 119, p. 2932.

[10] Rashīd al-Dīn, *Jāmiᶜ al-tavārīkh,* 2 vols., ed. by B. Karīmī (Tehran: Eqbal, 1959), vol. I, p. 364.

[11] Christopher Dawson, ed., *The Mongol Mission: Narratives and Letters of the Franciscan Missionaries in Mongolia and China in the Thirteenth and Fourteenth Centuries* (New York: Sheed and Ward, 1955), pp. 37-38.

[12] *Polnoe sobranie russkikh letopisei,* vol. II, *Ipat'evskaia letopis,* repr. (Moscow: Iazyki russkoi kul'tury, 1998), p. 843, col. A, and *The Hypatian Codex,* pt. 2, *The Galician-Volnian Chronicle,* trans. by George A. Perfecky (Harvard Series in Ukrainian Studies, vol. 16; Munich: Wilhelm Fink, 1973), p. 75.

[13] See the extended discussions of Chü Ch'ing-yuan, "Government Artisans of the Yuan Dynasty" in E-tu Zen Sun and John De Francis, eds. and trans., *Chinese Social History: Translations of Selected Studies,* repr. (New York: Octagon Books, 1966), pp. 234-46; Ōshima Ritsuko, "The *chiang-hu* in the Yuan," *Acta Asiatica* 45 (1983), pp. 69-95; and A. G. Kiknadze, "Iz istorii remeslennogo proizvodstva (Karkhane) v Iran XIII-XIV v.v.," in A. I. Falina, ed., *Blizhnii i Srednii Vostok* (Moscow: Izdatel'stvo vostochnoi literatury, 1962), pp. 47-55.

civilian, and postal, into which the population was divided for purposes of determining their obligations to the state. At one point, Chinese sources report, more than one-half of those called up to perform corvée were artisans.[14] This means, obviously, that the skills possessed by these specialists were widely appreciated and extensively utilized by their Mongolian masters. Within the Il-qan realm, as well, there was a similar mobilization of specialists. Baghdad, for example, long an imperial center with a rich array of weavers, dyers, metalsmiths, glassmakers, carpenters, etc., was a great prize, and the Chinggisids asserted their direct control over this pool of skilled technicians immediately after the city fell in 1259.[15] It is interesting that in the illustrated Edinburgh *Jāmiᶜ al-tavārīkh* there is a portrayal of Jamshīd, one of the famous kings of Iranian mythology, in his role as promoter of the various crafts; in this illustration he is given a Mongolian face and wears a Mongolian hat.[16] This Iranian artistic identification of the Mongols with artisanship was hardly a matter of chance.

The transport of Muslim artisans began as soon as Islamic lands were conquered. Rashīd al-Dīn reports that after Khwārazm was taken in 1221, the populace was moved into the surrounding fields. Here, he continues, the Mongols "separated out 100,000 artisans [*arbāb-i ṣanāʾat va ḥirfat*] and sent them to the lands of the east [*bilād-i sharqī*]."[17] These numbers, of course, are too elevated, but there is no doubt that thousands were relocated to East Asia. By Ögödei's reign we find Muslim engineers (*muhandisān*) and artisans (*ūzān/ṣunnāʾ*) working in Qara Qorum and its satellite camps building palaces and pavilions. In this instance they worked closely with their Chinese counterparts. The sources report that there was a measure of rivalry between the groups, who tried to outdo each other in demonstrating their skills.[18]

---

[14] Su Dianjue, *Yuanchao mingchen shilüe* (Shanghai: Shangwu yinshuguan, 1936), p. 94.

[15] Muhammad Rashid Feel, *The Historical Geography of Iraq between the Mongolian and Ottoman Conquests* (Nejef: Al-Adab Press, 1965), vol. I, pp. 240-337.

[16] Rice, *Illustrations to the World History*, p. 49, and pl. 5. On Jamshīd, see Ehsan Yarshater, "Iranian National History," in Ehsan Yarshater, ed., *The Cambridge History of Iran*, vol. III, pt. 1, *The Seleucid, Parthian and Sasanian Periods* (Cambridge University Press, 1983), p. 371.

[17] Rashīd al-Dīn, ed. by Karīmī, vol. I, p. 216. Jūzjānī, too, speaks of the "multitude" of Muslims "in the countries of Chīn, Turkestan and Tangut." See Jūzjānī, *Ṭabaqāt-i naṣirī*, ed. by W. Nassau Lees (Bibliotheca Indica, vol. XLIV; Calcutta: College Press, 1864), p. 402, and Jūzjānī, *Ṭabaqāt-i naṣirī*, trans. by H. G. Raverty, repr. (New Delhi: Oriental Books Reprint Corp., 1970), vol. II, p. 1158.

[18] ᶜAtā-Malik Juvaynī, *Tāʾrīkh-i Jahāngushā*, 3 vols., ed. by Mīrzā Muḥammad Qazvīnī (E. J. W. Gibb Memorial Series, vol. XVI; London: Luzac, 1912-37), vol. I, pp. 192-93; ᶜAtā-

(continued on next p.)

In subsequent decades, Muslim engineers and architects practiced their craft in China as well. Best known was the Arab (Dashi) architect Ikhtiyār al-Dīn (Yeheidieer/Yiheidieerding), an employee of the Tents Office (*Chadieer ju*), who helped build the new capital, Zhongdu. In 1267, Liu Bingzhong was entrusted with laying out Zhongdu (renamed Dadu in 1276), while Ikhtiyār al-Dīn directed the construction of the palace complex which was completed in 1274.[19] The "Muslim" role in the building of Dadu is, however, easily overstated. Ikhtiyār al-Dīn's participation has left no trace in the rich lore which surrounds the founding of Beijing, or more to the point, in its architectural remains. The city was thoroughly Chinese in its conception, construction techniques, and political symbolism, all of which was based upon classical models.[20] Either Ikhtiyār al-Dīn's Chinese biography overstates his importance to the project or he worked in a completely Chinese idiom, which implies that he had been in East Asia for a long time.

Other, unnamed, Muslim architects did, however, reproduce Islamic architecture on Chinese soil. We have, for instance, the report of Jūzjānī that by Ögödei's time "mosques were raised in all the cities of Tangut, Tamghāj [North China], Tibet and the country of Chīn." He goes on to say that the qaghan "handed over to a group of Muslim commanders all the fortresses and strong points of the lands of the east" and that "these commanders whom [the Mongols] transported from Iran and Turan [West Turkestan] he [Ögödei] forcibly settled in the cities of Upper [Eastern] Turkestan and the lands of Chīn, Tamghāj and Tangut."[21] Clearly, Muslim servitors of the Mongols were in a position to initiate and patronize building projects throughout the East. Evidence that they did so can be found in the remains of a *mazār* or mausoleum located outside the southeastern corner of the city of Qara Qoto, one of the major garrison cities in the Tangut land. On the basis of measurements and photographs taken in 1908 and again in 1962, Pugachenkova concluded that the *mazār*, built of brick and plaster, follows an architectural style evolved in West

Malik Juvaynī, *The History of the World Conqueror*, 2 vols., trans. by John A. Boyle (Cambridge, Mass.: Harvard University Press, 1958), vol. I, pp. 236-37; Rashīd al-Dīn, ed. by Karīmī, vol. I, p. 478; and Rashīd al-Dīn, *The Successors of Genghis Khan*, trans. by John A. Boyle (New York: Columbia University Press, 1971), p. 63.

[19] Hok-lam Chan, "Liu Ping-chung (1216-74): A Buddhist-Taoist Statesman at the Court of Khubilai Khan," *T'oung-pao* 53 (1967), pp. 133-39; and Ch'en Yuan, *Western and Central Asians in China under the Yuan*, trans. by Ch'ien Hsing-tai and L. Carrington Goodrich (Los Angeles: Monumenta Serica and the University of California, 1966), pp. 217-25.

[20] Hok-lam Chan, "A Mongolian Legend of the Building of Peking," *Asia Major*, 3rd series, 3/2 (1990), pp. 63-93; and Nancy Shatzman Steinhardt, "The Plan of Khubilai Khan's Imperial City," *Artibus Asiae* 44/2-3 (1983), pp. 152 and 154.

[21] Jūzjānī, ed. by Lees, p. 380, and Jūzjānī, trans. by Raverty, vol. II, pp.1106-07.

Asia in the eleventh and twelfth centuries, which then spread to Central Asia in the thirteenth and fourteenth centuries.[22] Her findings fit in nicely with Bates' observation that in the twelfth century the construction of mausoleums became quite common along the frontiers of the Islamic world, a practice that persisted into the Mongolian era.[23]

In greater numbers and with more pronounced consequences, Muslim textile experts were transported to the East. We know of three colonies of West Asian weavers in the Yuan realm.[24] The first was located in Besh Baliq, the Uighur summer capital on the northern slopes of the Tien Shan. This colony, composed of Herati weavers sent east in 1221, was under the direction of the Besh Baliq Office (Bieshi Bali *ju*), which produced gold brocade (*nasīj*) for the imperial court. The second, formed about the same time, was at Xinmalin/Sīmālī to the north of Beijing. Its inhabitants, mostly from Samarqand, also made *nasīj* under the supervision of a Gold Brocade Office (*Nashishi ju*). The third was at Hongzhou, about 180 km directly west of Beijing. Its Muslim artisans, of unknown origin, made gold brocade, and it too was under the direction of an Office (*ju*).

All three colonies have a common history. Each was initially formed by order of Chinggis Qan or Ögödei from Muslim weavers captured and coopted during the invasion of Turkestan and Khurāsān, 1219-25. Each colony was established in an area of ethnically mixed population. The colonies at Xinmalin and Hongzhou, moreover, had teaching responsibilities. According to the Chinese sources, these two Offices gathered together displaced persons, slaves, and other local households and taught them to make *nasīj* (*nashishi*).[25] Since, therefore, West Asian and Chinese weavers worked side by side during the Yuan it should occasion no surprise that both technical information and design features were regularly transferred. Gold brocade textiles, dating to the thirteenth century, which were preserved in Tibet and are now in museums in the West, show such interchange in thread types and decorative motifs.[26]

There was also West Asian influence on the closely related craft of carpet making in Yuan China. The Mongols themselves made braided rugs

---

[22] G. A. Pugachenkova, "Pamiatnik musul'manskogo zodchestva v Khara Khoto," *Sovetskaia arkheologiia* 3 (1965), pp. 258-62.

[23] Ülkü Ü. Bates, "The Impact of the Mongol Invasion on Turkish Architecture," *International Journal of Middle East Studies* 9 (1978), pp. 23-32 and particularly 25.

[24] For full documentation and details, see Allsen, *Commodity and Exchange*, pp. 38-45, and 95-96.

[25] *Yuanshi*, ch. 89, p. 2263.

[26] See Anne E. Wardwell, "Two Silk and Gold Textiles of the Early Mongol Period," *The Bulletin of the Cleveland Museum of Art*, 79/10 (December 1992), pp. 354-78.

but not pile carpets, which were a specialty of West Asia.[27] Though details are lacking, the Mongols clearly mobilized the carpet makers of the West and moved them, like weavers, to China. The carpets they produced there were used for a number of purposes, including the smothering of rebellious princes, but mainly as wall hangings and floor coverings in the ruling elite's sumptuous tents and more permanent palaces. Marco Polo relates that Qubilai's courtiers carried on their persons special slippers which they donned when beckoned to the inner court, "so as not to soil the beautiful and cunningly made carpets of silk, both of gold and of other colors."[28]

A recent survey of the field argues that Persian techniques of close-piling were introduced during the Yuan and wedded to Chinese-style designs which typically portrayed realistic objects, not the abstract geometric motifs common to the eastern Islamic world.[29] Technical standards imposed on the production center in Beijing were generally high. Such specifications are expressed in the weight of yarn in pounds (*jin*) required to make a square foot (*chi*) of carpet.[30] The extant records concerning carpet manufacturing in Yuan China need to be examined closely by a team with experience in carpet making in West Asia and China. While these texts, full of technical terms both Chinese and foreign, make very difficult reading, such an effort should pay rich dividends for the history of carpets and of East-West exchange.

The eastward flow of technical knowledge is perhaps best exemplified in the automata the Chinggisids used to amuse and baffle their guests and courtiers. Of these machines, we have a very detailed description of Möngke's "drinking fountain" at Qara Qorum. According to Rubruck, an eyewitness, this was in the form of a tree made of silver with four lions at its base, each with conduits supplying kumys. Four other conduits in the form of gilded serpents delivered grape wine, rice wine, mead, and black or refined kumys. For each of the four pipes there was a silver vessel at the base to receive the beverage. On top of the tree was an angel with a trumpet blown by a man concealed within the chamber beneath the tree. This also housed the stewards responsible for pouring their beverage into the conduits on the signal of the chief butler, causing drink to spill into the silver vessels.[31]

---

[27] Krystyna Chabros and L. Batuluun, "Mongol Examples of Proto-weaving," *Central Asiatic Journal* 37 (1993), pp. 24-26. On the fame of West Asian carpets, see Marco Polo, *The Description of the World,* trans. by A. C. Moule and Paul Pelliot (London: Routledge, 1938), vol. I, p. 95.

[28] Marco Polo, *Description,* p. 254. On "execution by carpet," see also p. 199.

[29] Charles I. Rostov and Jia Guanyin, *Chinese Carpets* (New York: Harry N. Abrams, 1983), pp. 59-62.

[30] *Da Yuan zhanji gongwu ji* (Xueshu congbian ed.), pp. 10b-11a.

[31] Dawson, *Mongol Mission,* pp. 175-76; and William of Rubruck, *The Mission of William*

(*continued on next p.*)

On the testimony of Rubruck, accepted by Olschki, the creator of this magnificent fountain was the Parisian goldsmith Guillaume Boucher.[32] This conclusion, however, is somewhat premature. Juvaynī makes a passing reference to a "drinking machine" in a garden near Qara Qorum that had vast vats and large utensils, and used horses, elephants and camels to "lift up the various beverages."[33] Here there is an obvious confusion: the animals in question were not providing motive force, but merely decorative elements. This, Rashīd al-Dīn's discussion makes clear. The fountain he describes, which Ögödei had built at Qara Qorum, was made by distinguished goldsmiths in the form of animals, lions, elephants, horses, etc., from whose mouths different kinds of alcoholic beverages poured into basins.[34] The Persian evidence, while contradictory in some respects, nevertheless points to the conclusion that some kind of mechanical drinking fountain was constructed in Mongolia *before* Boucher was on the scene. It is therefore likely that Muslim engineers, who most definitely participated in the construction of Qara Qorum, began work on this device in Ögödei's time and that Boucher completed and/or perfected the mechanism in Möngke's reign.

China had its own tradition of ingenious mechanical toys which began in the Han and flourished during the period of the Sui-Tang.[35] However, the various automata later found at the Yuan court were most certainly West Asian imports or in any case machines inspired by West Asian models. Among the earliest of these imports was a reed organ (*xing lung sheng*) sent by an unnamed Muslim state to Qubilai between 1260 and 1264. Some time later this instrument was reworked and modified to play the Chinese scale. The organ, we are further informed, was adorned with

of Rubruck, trans. by Peter Jackson and ed. by David O. Morgan (London: Hakluyt Society, 1990), pp. 209-10. The earliest pictorial representation of this fountain is found in an illustration from an early fifteenth-century manuscript of Rashīd al-Dīn's *Collected Chronicles*. See Basil Gray, "An Unknown Fragment of the Jāmiᶜ al-Tawārīkh in the Asiatic Society of Bengal," *Ars Orientalis* 1 (1954), pp. 70-72 and fig. 14. More accessible is the reproduction in David O. Morgan, *The Mongols* (Oxford: Basil Blackwell, 1986), p. 115. For further discussion and a reconstruction of the drinking fountain, see L. K. Minert, "Drevneishie pamiatniki mongol'skogo monumental'nogo zodchestva," in R. S. Vasil'evskii, ed., *Drevnie kul'tury Mongolii* (Novosibirsk: Nauka, Sibirskoe otdelenie, 1985), pp. 194-96.

[32] Leonardo Olschki, *Guillaume Boucher, A French Artist at The Court of the Khans*, repr. (New York: Greenwood Press, 1969), pp. 63-106.

[33] Juvaynī, ed. by Qazvīnī, vol. I, pp. 192-93, and Juvaynī, trans. by Boyle, vol. I, p. 237.

[34] Rashīd al-Dīn, *Jāmiᶜ al-tavārīkh*, ed. by A. A. Alizade (Moscow: Nauka, 1980), vol. II, pt. 1, p. 142, and Rashīd al-Dīn, trans. by Boyle, p. 62.

[35] Joseph Needham, *Science and Civilization in China*, vol. IV, *Physics and Physical Technology*, pt. 2, *Mechanical Engineering* (Cambridge University Press, 1965), pp. 156-65.

two peacocks, each with a mechanism (ji) inside that made the birds dance and flap their wings in time with the music.[36] The instrument in question, probably made in Syria and sent east by Hülegü as a princely presentation, was based on much earlier Arab prototypes that can be traced back to the writings of the famous Banū Mūsā whose design, dating to the ninth century, included "figures which dance and follow this organ."[37]

A similar automaton is described by Odoric of Pordenone, who traveled in China in the 1320s. He saw in the Qaghan's great hall in Beijing golden peacocks which in response to hand clapping flapped their wings and danced. This, Odoric says, "must be done either by diabolic art, or by some engine under ground."[38] These dancing birds were hardly isolated phenomena. The last Yuan emperor, Toghon Temür (r. 1332-68), had an extensive collection of mechanical toys. According to contemporary Chinese sources these included fountains with balls dancing on jets of water, and "two crouching tigers, with coats of fur, mechanized (ji) to move as if alive." These, apparently, were life-size figures covered in real tiger skin. The emperor himself was supposed to have built an elaborate water clock with dancing phoenixes, and even more impressively a "dragon boat" 120 feet long and 20 feet wide with twenty-four mechanical sailors punting. We are further told that the dragon's eyes, mouth, mane, tail, and claws could be put in motion by ingenious mechanisms. All these automata were destroyed by orders of the first Ming emperor.[39]

While the Chinese sources state explicitly that Toghon Temür, the "carpenter emperor," built several of the automata himself, it is apparent that many of these projects, the dragon boat in particular, were clearly beyond the capacity of any individual, no matter how skilled and industrious. And, as Herbert Franke has argued, the association of Toghon Temür with these activities is probably to be connected with the traditional

[36] *Yuanshi,* ch. 71, pp. 1771-72; A. C. Moule, "A Western Organ in Medieval China, I, The Chinese Texts," *Journal of the Royal Asiatic Society* (1926), pp. 193-206; and F. W. Galpin, "Some Notes on the Original Form and Source of the *Hsing Lung Sheng,*" *Journal of the Royal Asiatic Society* (1926), pp. 206-11.

[37] Henry George Farmer, *The Organ of the Ancients from Eastern Sources (Hebrew, Syriac and Arabic)* (London: William Reeves, 1931), pp. 75-76, 108, 138 and 167; and al-Nadīm, *The Fihrist of al-Nadīm,* trans. by Bayard Dodge (New York: Columbia University Press, 1970), vol. II, p. 672.

[38] Odoric of Pordenone, "Eastern Parts of the World Described," in Sir Henry Yule, trans. and ed., *Cathay and the Way Thither, being a Collection of Medieval Notices of China,* repr. (Taibei: Ch'eng-wen Publishing Company, 1966), vol. II, p. 222.

[39] *Yuanshi,* ch. 43, p. 918; Xiao Xun, *Gu gong yi lu,* in *Beijing kao* (Beijing: Beizhong chubanshe, 1963), pp. 67 and 68; Helmut Schulte-Uffelage, trans., *Das Keng-shen wai-shih: Eine Quelle zür späten Mongolenzeit* (Berlin: Akademie-Verlag, 1963), pp. 84-85; and Needham, *Science and Civilization,* vol. IV, pt. 2, pp. 133 and 507-08.

Chinese historiographic convention of the "bad last ruler." This supposed preoccupation with mechanical devices thus serves as an explanation for the emperor's inattention to his duties and for his subsequent loss of the mandate.[40]

Since, it is safe to conclude, the emperor cannot be credited with making these contrivances singlehandedly, who were his assistants? Once again, Muslim mechanics can be surmised. All the automata documented at the Yuan court have well-established lineages in West Asia. The early center was Hellenistic Egypt, which produced automata of various types, a few for utilitarian purposes but most for entertainment. From there they spread throughout the Mediterranean and Muslim lands, where they became a staple at imperial courts.[41] In tenth-century Constantinople, Liudprand, envoy of Otto I, encountered mechanical birds that fluttered and twittered on a gilded tree and an imperial throne guarded by lions whose mouths opened and tongues protruded and who gave forth loud roars, all of which is confirmed by Byzantine sources.[42] And several authors relate that an embassy of Constantine VII Porphyrogenitus (r. 912-59) to the ʿAbbāsid Caliph Muqtadir (r. 908-32) in 917 also encountered such devices. The ambassadors, in these accounts, were taken to a garden where they saw a huge fountain of white tin, indistinguishable from silver, and above the fountain was a great tree of silver upon which were perched gilded birds that fluttered and twittered, all by means of an underground system of wires and pulleys.[43] The popularity of mechanical toys of this nature survived the Mongolian tumult and were still found at Muslim courts in the early modern era.[44]

---

[40] Herbert Franke, "Some Remarks on the Interpretation of Chinese Dynastic Histories," *Oriens* 3 (1950), pp. 117-19; and Herbert Franke, "Toγon Temür," in L. Carrington Goodrich and Chaoying Fang, eds., *Dictionary of Ming Biography, 1368-1644* (New York: Columbia University Press, 1976), vol. II, pp. 1290-93.

[41] For an overview, see Donald Hill, *A History of Engineering in Classical and Medieval Times* (London and New York: Routledge, 1996), pp. 199-221.

[42] Liudprand of Cremona, *The Embassy to Constantinople and Other Writings*, trans. by F. A. Wright and ed. by John Julius Norwich (London: Charles Tuttle Co. and Rutland, Ver.: Everyman's Library, 1993), pp. 153 and 154-55. For a detailed comparison of Liudprand's account with the Greek sources, principally *De Ceremonis*, see Gerard Brett, "The Automata in the Byzantine 'Throne of Soloman'," *Speculum* 24 (1954), pp. 477-87.

[43] Jacob Lassner, *The Topography of Baghdad in the Early Middle Ages: Texts and Studies* (Detroit: Wayne State University Press, 1970), pp. 88 and 90; and Bar Hebraeus, *The Chronography of Gregory Abū'l Faraj . ... commonly known as Bar Hebraeus*, trans. by Ernest A. Wallis Budge (London: Oxford University Press, 1932), vol. I, pp. 156-7. Cf. Guy Le Strange, *Baghdad during the Abbasid Caliphate: Contemporary Arabic and Persian Accounts*, repr. (New York: Barnes and Noble, 1972), pp. 255-56.

[44] For an example, see H. M. Elliot and John Dowson, trans., *The History of India as Told by Its Own Historians*, repr. (New York: AMS Press, 1966), vol. VI, p. 192.

Thus, there are good West Asian precedents for all automata described by Rubruck, Odoric, and the Chinese sources at the Mongolian courts in the East. Such devices are discussed and illustrated in detail in Muslim works on technology of the pre-Mongolian era. The two most famous of these are the treatises of the three Banū Mūsā brothers and of al-Jazarī. It is most interesting that one of the Muslim works cataloged in 1273 at the Imperial Library Directorate, the principal archive of the Yuan court, is titled, in Chinese transcription, *Heiyali,* which answers to the Arabic *ḥiyal,* "device." The accompanying Chinese annotation says that this is a book on various types of *jiqiao,* "ingenious mechanisms."[45] We do not know for certain which work on mechanics is referred to here since both contain the word *ḥiyal* in their titles.[46] All that can be done with the evidence at hand is to survey the contents of these two treatises to see which provides suitable models for the various Yuan automata.

The Banū Mūsā, three brothers who were important literary and political figures in ninth-century Baghdad, were associated with the famous "house of wisdom" (*bayt al-ḥikma*). Their *Kitāb al-ḥiyal,* which starts with, but improves upon, Heron and the Greek engineers, was the most honored work in medieval Islamic technological literature.[47] The hundred models presented include a few fountains and lamps, but the vast majority are trick vessels for dispensing liquids, mainly wine. Our other possibility, al-Jazarī, wrote his *Kitāb fī maʿrifat al-ḥiyal al-handasiyya* in Upper Mesopotamia between 1204 and 1206. This work is the more attractive choice since most of the automata at the Yuan court are found in al-Jazarī. There are water clocks and fountains as well as automated birds and beasts. To cite one particularly suggestive example, there is a design in al-Jazarī for a boat supplied with mechanical figures—a king, boon companions, musicians, a helmsman and two sailors, with oars, the blades of which move in the water. Judging by the external characteristics, this could well be the design that inspired and guided the construction of the automated dragon boat attributed to Toghon Temür.[48]

[45] Wang Shidian, *Mishu zhi* (Taibei: Weiwen tushu chubanshe, 1976), ch. 7, p. 14b (p. 210); and Kōdō Tasaka, "An Aspect of Islam[ic] Culture Introduced into China," *Memoirs of the Research Department of Toyo Bunko* 16 (1957), p. 115.

[46] On these authors' works, see Ahmad Y. al-Hassan and Donald R. Hill, *Islamic Technology: An Illustrated History* (Cambridge University Press, 1992), pp. 13-17.

[47] Banū Mūsā ibn Shākir, *The Book of Ingenious Devices,* trans. and ed. by Donald R. Hill (Dordrecht, Holland: D. Reidel Publishing Company, 1979).

[48] Ibn al-Razzāz al-Jazarī, *The Book of Knowledge of Ingenious Mechanical Devices,* trans. and ed. by Donald R. Hill (Dordrecht, Holland: D. Reidel Publishing Company, 1974), pp. 107-09.

Beyond the automata and mechanical toys, more practical West Asian technologies were transmitted to Yuan China. The horizontal windmill, which seems to have originated in Iran ca. 600 CE, later diffused east and west. The Chinese became acquainted with this type of windmill in the Mongolian era, and it became very popular in subsequent centuries though in somewhat modified form: the vanes of the Persian prototype were replaced by sails, rigged in junk fashion, in the Chinese version.[49] Another useful technique imported from the West was the refining of sugar. Marco Polo reports that the "Great Kaan" Qubilai employed people from "Babilonie" who taught the locals "to refine it [sugar] with ashes of certain trees."[50] This process, the West Asian technique of clarification, was therefore a late development in China and the teachers were West Asians, very likely former subjects of the Il-qans in Iran.[51]

Lastly, we come to an interesting and almost unique instance of West Asian influence on Chinese artisanship and technology. The famous Chinese blue and white porcelain developed in the course of the late thirteenth and early fourteenth centuries in partial consequence of West Asian tastes and demand. At one time it was believed that the cobalt that provided the distinctive coloration came from Iran, which has deposits in the mountains outside of Kāshān, a source of pigmentation that was in fact known and regularly exploited in medieval times.[52] More recently, however, it has been determined by chemical analysis that Jingdezhen, the major production center for export porcelain, used the cobalt pigment contained in danaite ore which is found in Central Asia and Eastern Europe.[53] But whatever the source, it was foreign, and Muslim merchants, so ubiquitous throughout the Mongolian Empire, certainly played a role in encouraging the development of this method of coloration.[54] The large

---

[49] Needham, *Science and Civilization*, vol. IV, pt. 2, pp. 555-68.

[50] Marco Polo, *Description*, p. 347.

[51] For comments on Marco Polo's account, see Christian Daniels, "Agro-Industries: Sugar Cane Technology," in Joseph Needham, ed., *Science and Civilization in China*, vol. VI, *Biology and Biological Technology*, pt. 3, *Agro-Industries and Forestry* (Cambridge University Press, 1996), pp. 368-72; and Berthold Laufer, *Sino-Iranica: Chinese Contributions to the History of Civilization in Ancient Iran*, repr. (Taibei: Ch'eng-wen, 1967), pp. 376-77. On the meaning of *Babilonie* in medieval European texts, see Paul Pelliot, *Notes on Marco Polo* (Paris: Adrien-Maissoneuve, 1959), vol. I, p. 61.

[52] J. W. Allen, "Abū'l Qāsim's Treatise on Ceramics," *Iran* 11 (1973), pp. 112, 114 and 116-17.

[53] Chen Yaocheng, Guo Yanyi and Chen Hong, "Sources of Cobalt Pigment Used in Yuan Blue and White Porcelain Wares," *Oriental Art* (Spring, 1994), pp. 14-19.

[54] Margaret Medley, "Islam, Chinese Porcelain and Ardabil," *Iran* 13 (1975), pp. 31-37. The most recent assessment of the evidence with extensive bibliography is Robert Finlay, "The Pilgram Art: The Culture of Porcelain in World History," *Journal of World History* 9 (1998), pp. 150-58.

merchant community at the port of Quanzhou was instrumental in this process, but archaeological finds at the inland city of Qara Qoto show they were not alone. This city, Marco Polo's Etsina, was a crafts center with a Muslim commercial presence. The artisans there contributed to the development of blue and white porcelain that became so celebrated in the Ming. Lubo-Lesnichenko, in his study of the fragments of cups and plates collected by Kozlov in 1908 and 1926, argues that one of the earliest uses of cobalt in porcelain can be traced to the masters at Qara Qoto. The tone is uneven compared to later examples, but this is hardly surprising since the technique was still in the experimental stage.[55] Here we have a case of technical stimulation that might be described as one effectuated by Muslim demand and supply.[56]

This transcontinental movement of skills and stimuli was hardly a one-way street. Chinese technicians and engineers accompanied Mongolian armies invading the eastern Islamic world. Chang Chun and his party met Master Zhang, the chief engineer of Chinggis Qan's second son Chaghadai, at Almaliq in 1223.[57] According to his biography in the *Yuanshi*, Zhang Rong, among other services, bridged the Amu Darya in the fall of 1220 using 100 boats. For this accomplishment, Chinggis Qan granted him the title *wusuchi*, Mongolian *usuchi*, "Master of Water."[58]

How many Chinese engineers of the stature of Zhang Rong reached Iran and settled there is simply not known. A better way to proceed, therefore, is first to identify the construction of complexes in Iran that have a decided East Asian flavor and then try to connect them with the East Asian populations the Mongols transported or attracted to the West.

Hülegü, according to a variety of sources, was an enthusiastic patron of Buddhist temples. The account of Kirakos, a contemporary, is the most detailed and will be quoted in full:

In these days [1261-65] the great Hülegü began to build a huge populous city in Daran Dasht. All those subject to him were subject

---

[55] E. I. Lubo-Lesnichenko, "Farforovye izdeliia iz Khara Khoto," *Strany i narody Vostoka* 18 (1976), pp. 199-208, and E. I. Lubo-Lesnichenko, "Farforovyi sosud, raspisannyi kobal'tom perioda Iuan (1280-1367)," *Soobshcheniia gosudarstvennogo Ermitazha* 36 (1973), pp. 70-73. See also Li Zhiyan and Cheng Wen, *Chinese Pottery and Porcelain* (Peking: Foreign Languages Press, 1989), pp. 68-72.

[56] On the long history of interaction between the two pottery traditions, see Yolande Crowe, "The Islamic Potter and China," *Apollo* 103 (1976), pp. 296-301.

[57] Li Zhizhang, *Xiyu ji*, in Wang Guowei, ed., *Menggu shiliao sizhong* (Taibei: Zhengzhang shuju, 1975), p. 363, and Arthur Waley, trans., *The Travels of an Alchemist* (London: Routledge and Kegan Paul, 1963), p. 120.

[58] *Yuanshi*, ch. 151, p. 3581.

to corvée and they conveyed from all sides a large quantity of timber needed for construction of the houses and courts of this city which [Hülegü] built at the site of his summer residence. The humans as well as the [pack] animals suffered torment from the merciless and terrible overseers, [even] more cruel than [that experienced by] the sons of Israel in the time of the pharaohs. . . And yet [Hülegü] built a temple for huge idols, collecting there all kinds of craftsmen-stone masons, carpenters and artists. And there is one group [among them] which are called *toyins*. These [latter]— magicians and sorcerers—they, with magical arts induced horses and camels and the dead and felt images to speak. All of them are priests; they shave the hair of the head and the beard [and] they wear on the breast yellow cloaks and they worship all, but most of all Sakyamuni and Maitreya. They deceived him [Hülegü], promising him immortality, and [while] he lived, he moved and mounted horses by their direction, wholly giving himself over to their will. And many times a day he bowed and kissed the ground before their leader, he ate [food] consecrated in the place of idols, and exalted him [the leader] above all others. And therefore he [Hülegü] made up his mind to build a particularly magnificent temple to their idols.[59]

From other sources it is known that Hülegü commissioned his Buddhist complex, which he named Lanbā Sāghūt, in 1259 and that Daran Dasht, also called Alā Tāgh, was formerly the summer residence of the great kings of Armenia, the Arsacids, located to the northeast of Lake Van.[60]

From Rashīd al-Dīn we learn, further, that Hülegü built a similar idol temple, *butkhānah,* at Khūi in southern Azerbaijan.[61] This project, it appears, made an impression on the locals, one that was retained in popular historical memory. A later and much transformed Turkish tradition, which relates the story of Ata Hōy and Tatar idols, can reasonably be associated with the Buddhist temples constructed at Khūi.[62]

---

[59] Kirakos Gandzaketsi, *Istoriia Armenii,* trans. by L. A. Khanlarian (Moscow: Nauka, 1976), pp. 237-38. Cf. also, Vardan Arewelc'i, "The Historical Compilation of Vardan Arewelc'i," trans. by Robert W. Thompson, *Dumbarton Oaks Papers* 43 (1989), p. 221.

[60] Rashīd al-Dīn, ed. by Karīmī, vol. II, p. 719; Stephannos Orbelian, *Histoire de la Siounie,* trans. by M. Brosset (St. Petersburg: Académie imperiale des sciences, 1864), p. 233; and Grigor of Akanc', "History of the Nation of Archers (The Mongols)," trans. by Robert P. Blake and Richard N. Frye, *Harvard Journal of Asiatic Studies* 12 (1949), p. 343. On the location of Alā Tāgh/Daran Dasht, see Francis W. Cleaves, "The Mongolian Names and Terms in the *History of the Nation of Archers* by Grigor of Akanc'," *Harvard Journal of Asiatic Studies* 12 (1949), p. 404.

[61] Rashīd al-Dīn, ed. by Karīmī, vol. II, p. 734.

[62] See Emil Esin, "Descriptions of Turks and Tatars (Mongols) of the Thirteenth Century in

(*continued on next p.*)

Under his successors the Buddhists continued to be favored with great amounts of wealth which the monks expended on additional idol temples. Such was the largesse that Buddhist priests (*bakhshiyān*) were attracted to Iran from India, Kashmir, China, and Uighuristan. Even Ghazan, before Hülegü's conversion to Islam, ordered "authentic idol temples [*butkhānah-hā-i muʿtabar*]" built in Khabūshān, a city in central Khurāsān.[63] So far, archaeological surveys have identified several possible Buddhist complexes in Il-qan Iran. On the northern frontier of the realm, Soviet scholars uncovered a Buddhist temple, built in the 1250s, some 60 km south of the city walls of Marv. This square brick structure, which combines "Sino-Mongolian and local Khurāsān architectural elements," was, in the opinion of Pugachenkova, "a result of a collaboration between masters of the Far East and of Marv."[64] Other sites, located near Marāghah and Sulṭāniyyāh in Azerbaijan, appear to be Buddhist cave monasteries dating from the thirteenth century that were later partially islamicized before being abandoned.[65]

In many cases we can link Buddhist sites in Iran with East Asian communities. Most strikingly, those of Marv, Khūi, and Tabrīz can be connected with those locales' sizable Chinese populations, whose presence in Iran is noted in Rashīd al-Dīn's agricultural manual. In discussing the spread of millet on Il-qan territory Rashīd remarks that

the Chinese [Khitāyān] from the region of North China [Khitāī] brought it [first] to Marv and planted it there and when some of the Chinese were settled in Khūi, they also planted it there. . . At this time [early fourteenth century], they [the Chinese] have carried it from there to Tabrīz and other districts. . .[66]

Some Anatolian Sources," in Annemarie v. Gabain and Wolfgang Veensler, eds., *Documenta Barbarorum: Festschrift für Walther Heissig zum 70. Geburtstag* (Wiesbaden: Otto Harrassowitz, 1983), p. 85.

[63] Rashīd al-Dīn, *Ta'rīkh-i mubārak-i Ghāzānī*, ed. by Karl Jahn (London: Luzac, 1940), p. 166; and Bar Hebraeus, *Chronography*, pp. 506-07.

[64] G. A. Pugachenkova, *Puti razvitiia arkhitektury Iuzhnogo Turkmenistana pory rabovladeniia i feodalizma* (Trudy Iuzhno-Turkmenistanskoi arkheologicheskoi kompleksnoi ekspeditsii, vol. VI; Moscow: Izdatel'stvo akademii nauk SSSR, 1958), pp. 351-57, quote from 356. I have not seen her earlier article, "Buddiiskaia kumyrnia v Merve," *Kratkie soobshcheniia Instituta istorii material'noi kul'tury* 54 (1954), pp. 140-46.

[65] Warwick Ball, "Two Aspects of Iranian Buddhism," *Bulletin of the Asia Institute of Pahlavi University* 1/4 (1976), pp. 103-63; Warwick Ball, "The Imamzadeh Ma'sum at Vardjovi: A Rock-cut Il-khanid Complex near Maragheh," *Archaeologische Mitteilungen aus Iran* 12 (1979), pp. 337-39; and Gianroberto Scarcia, "The 'Vihar' of Qonqor-olong; Preliminary Report," *East & West*, new series 25 (1975), pp. 99-104.

[66] Rashīd al-Dīn, *Āthār va Aḥyā'*, pp. 144-45.

No numbers are provided, but the fact that Mustawfī in his day (ca. 1340) reports that the citizens of Khūi were "of Chinese [Khitāī] descent and beautifully formed" certainly argues that this community was substantial, a very visible segment of a middle-sized town.[67]

Lastly, Ghazan's complex at Khabūshān might well be linked to the Uighur population that survived as an identifiable ethnic group in Khurāsān down to the sixteenth century.[68] As for the other sites, there is reason to believe that they, too, may have been constructed in part by artisans from East Asia.

As is well known, when Hülegü came west in 1253 he was accompanied by a unit of Chinese artillerymen. According to Juvaynī, Möngke in 1251, to support Mongolian forces starting for Iran, "sent messengers to China [Khitāī] to summon catapult [manjanīq] experts and naphtha-throwers [naft-andāzān] and they brought from China 1,000 households of Chinese catapultmen."[69] For our purposes, however, what is most helpful is that we can identify the personnel pool from which this unit was recruited. This vital information comes from the chapter on military affairs in the Yuanshi, which recounts the following about the acquisition of artillery personnel:

> In the beginning, when Chinggis Qan and Ögödei were on campaign, [catapult operators] were recruited in various circuits [lu], and, moreover, whenever a district [zhou] or county [xian] was subjugated, the artisans, such as smiths, carpenters, goldsmiths, and gunpowder-makers [huojiang] were recruited as catapult operators [baoshou] and ordered to go on campaign. In 1251, all [categories of artisans] were registered [in the census of that year] as catapult operators.[70]

Most certainly, then, among Hülegü's forces in Iran was a large formation of artillerymen, nominally 1,000 in number, which was composed of Chinese artisans possessing a wide range of skills.

On their arrival, they played an active role in the reduction of the Ismaʿīlī forts in northwestern Iran. We lose sight of this unit following these engagements but it is most unlikely that they were ever sent home. In

---

[67] Ḥamd-Allāh Mustawfī Qazvīnī, The Geographical Part of the Nuzhat al-Qulūb, ed. by Guy Le Strange (London: Luzac, 1915), p. 85.

[68] Muhammad Haidar, A History of the Moghuls of Central Asia, trans. by E. Denison Ross and ed. by N. Elias, repr. (New York: Praeger, 1970), p. 311.

[69] Juvaynī, ed. by Qazvīnī, vol. III, pp. 92-93, and Juvaynī, trans. by Boyle, vol. II, p. 608. This data is also found in Rashīd al-Dīn, ed. by Karīmī, vol. II, p. 686, and Bar Hebraeus, Chronography, p. 419.

[70] Yuanshi, ch. 98, p. 2514, and Hsiao Ch'i-ch'ing, The Military Establishment of the Yuan Dynasty (Cambridge, Mass.: Harvard University Press, 1978), p. 80.

my view, it is more plausible to assume that they remained permanently in the West and that their "civilian skills" were put to good use, as, for example, at Daran Dasht where, it will be recalled, to build Lanbā Sāghūt, Hülegü collected "all kinds of craftsmen—stonemasons, carpenters and artists."

At this point we have come full circle, back to our original question concerning the role of objects and artisans in the diffusion of art and technology. Clearly, in some instances it is the object that inspires. The dragon and phoenix designs on the frieze tiles used at Takht-i Sulaymān, a palace built for Abaqa in Azerbaijan, were of local Muslim manufacture.[71] These figures, however, were certainly borrowed from Chinese prototypes that may have reached Iran on imperial princes' robes and hats, which were decorated with such devices.[72] On the other hand, we know of face-to-face exchanges, for example, in the manufacture of gold brocade (nasīj) in China. Such collaboration is evident, too, in some art works of the Mongolian age. There is a bronze mortar in the British Museum that combines an Arabic inscription with Chinese characters, as well as Persian decorative elements with Chinese metal working techniques. The provenance of this piece is unknown, but clearly, as Pinder Wilson points out, this must have been a "joint project" of Chinese and Iranian artisans working together.[73]

These transfers, direct and indirect, were frequent in the Mongolian Empire and created numerous opportunities for transcontinental cultural contacts, collaborations, and competitions. But the Mongolian Empire did more than simply display alien cultural goods; as a "basic information circuit," to use Adshead's apt phrase,[74] it also served to advertise, extend, and enhance technical and artistic reputations, which in turn encouraged the acceptance of foreign wares. This can be seen in the heightened regard for Chinese achievements in Western Eurasia. While there is no doubt that Persian influence flowed to China, the West Asians, on balance, seem to have been the more open to East Asian inspiration and models, particularly

[71] Oliver Watson, *Persian Lustre Ware* (London and Boston: Faber and Faber, 1985), p. 136 and color pl. La. See also the comments of Yolande Crowe, "Changes in Style of Persian Ceramics of the Last Part of 7/13th c.," *Rivista degli studi orientali* 59 (1985), pp. 47-55.

[72] *Yuanshi*, ch. 78, p. 1938, and Yolande Crowe, "Late Thirteenth Century Persian Tilework and Chinese Textiles," *Bulletin of the Asia Institute*, new series 5 (1991), pp. 153-61.

[73] R. H. Pinder-Wilson, "A Persian Bronze Mortar of the Mongol Period," *Trudy dvadtsat piatogo mezhdunarodnogo kongressa Vostokovedov* (Moscow: Izdatel'stvo vostochnoi literatury, 1963), vol. II, pp. 204-06.

[74] S. A. M. Adshead, *Central Asia in World History* (New York: St. Martins Press, 1993), p. 70.

in the arts broadly defined.[75] One of the main reasons for this receptivity, the long-standing and high repute of Chinese artisanship in Muslim culture, has often been mentioned in passing but never studied at length.[76]

Muslim esteem, of course, long predates the Mongols. Some opinion, such as those offered by Mas'ūdī and Sa'īd al-Andalusī, both of whom extol Chinese artists and artisans as the best in the world, is quite generalized, but others' praise is expressed in a very distinctive formula.[77] Tha'ālibī, writing in the tenth century, remarks that in the Arab lands any well-executed utensil is automatically attributed to the Chinese. He then records a saying which he attributes to the Chinese themselves: "Except for us, the people of the world are all blind—unless one takes into account the people of Babylon, who are merely one-eyed."[78] The meaning of this statement is elaborated upon in the writings of Marvazī, a near contemporary:

> The people of China [he relates] are the most skillful of men in handicrafts. No nation approaches them in this. The people of Rūm are highly proficient [in crafts], but they do not reach the standards of the Chinese. The latter say that all men are blind in craftsmanship, except the people of Rūm who [however] are one-eyed, that is to say, they know only half the business.[79]

This makes it abundantly clear what is being praised.

When we reach the Mongolian period, this high regard for Chinese achievement is now found among West Europeans, initially expressed in general terms. Carpini, for example, asserts that "better artificers are not to be found in the whole world in all the trades in which men are wont to be engaged."[80] Other European writers of the period, such as Boccaccio, also identify China with an abundance of skilled masters.[81] But what is even

---

[75] Basil Gray, "Persian Influence on Chinese Art from the Eighth to the Fifteenth Centuries," *Iran* 1 (1963), pp. 13-18; and Nancy Shatzman Steinhardt, "Yuan Period Tombs and Their Decoration: Cases at Chifeng," *Oriental Art* (Winter, 1990/91), pp. 213-18.

[76] Basil Gray, "Chinese Influence in Persian Painting: 14th and 15th Centuries," in William Watson, ed., *The Westward Influence of the Chinese Arts* (Percival David Foundation Colloquies in Art and Archaeology in Asia, no. 3: London, 1973), pp. 11-12.

[77] Mas'ūdī, *Murūj al-dhahab wa al-Ma'ādin al-jawhar*, ed. and trans. by C. Barbier de Meynard (Paris: L'imprimerie nationale, 1861), vol. I, pp. 322-24 and 357; and Sa'īd al-Andalusī, *Science in the Medieval World: Book of the Categories of Nations*, trans. by Sema'an I. Salem and Alok Kumar (Austin: University of Texas Press, 1991), p. 7.

[78] Tha'ālibī, *The Book of Curious and Entertaining Information: The Latā'if al-ma'ārif of Tha'ālibī*, trans. by C. E. Bosworth (Edinburgh: The University Press, 1968), p. 141.

[79] Marvazī, *Sharaf al-Zamān Ṭāhir Marvazī on China, the Turks and India*, trans. by V. Minorsky (London: Royal Asiatic Society, 1942), p. 14.

[80] Dawson, *Mongol Mission*, p. 22.

[81] Giovanni Boccaccio, *The Decameron*, trans. by Richard Aldington (New York: Garden

(*continued on next p.*)

more revealing is that starting at the very end of the thirteenth century there are authors writing for European audiences who repeat and endorse the older Muslim formula on the superiority of Chinese artisanship. Het'um (Hayton), the Prince of Lesser Armenia, who spent much time at the Il-qan court, writes that "the Cathayans say that they are the ones who see with two eyes, the Latins, they say, see with one eye, but other nations, they say, are blind."[82] This is repeated by the Spanish envoy, Clavijo, who journeyed to Temür's court in 1405:

> The goods [he says] that are imported to Samarqand from Cathay indeed are the richest and most precious of all those brought hither from foreign parts, for the craftsmen of Cathay are reputed to be the most skillful by far beyond those of any other nation; and the saying is that they alone have two eyes, that the Franks indeed may have one, while the Muslims are but blind folk.[83]

In the next century, Josafa Barbaro, a Venetian merchant in the Middle East, also reports the same saying in its shortened form—he Chinese see with two eyes, the Franks with one and all others with none.[84] By this time, however, Chinese cleverness was no longer news. The notion had already been broadcast in Western Europe through the account of Sir John Mandeville's travels, a work which, while certainly spurious, was nonetheless widely read in the fourteenth century. In this recounting, the putative author inserts the standard formula into his description of the astounding automata he says he encountered at the Tartar court of China. In this instance, he was amazed and entertained by birds and peacocks that danced and flapped their wings, ingenious devices which, as we have seen, were actually of Muslim inspiration and design.[85] In the Latin West, as in the Muslim East, everything clever was automatically assumed to be Chinese.

Obviously, during the Mongolian period, Europe took over and embraced the Muslim valuation of Chinese artisanship. And this reputation for excellence in the production of things, which the Europeans expressed in Muslim literary formulas, helped to set the stage for the West's growing

---

City, 1949), X.3 (p. 498).

[82] Hayton, *La flor des estoires de la terre d'Orient,* in *Recueil des historiens des croisades, Documents arméniens,* vol. II (Paris: Imprimerie nationale, 1906), p. 121.

[83] Ruy González de Clavijo, *Embassy to Tamerlane, 1403-06,* trans. by Guy Le Strange (New York and London: Routledge & Sons, 1928), p. 289.

[84] Lord Stanley of Aldershot, ed. and trans., *Travels to Tana and Persia by Josafa Barbaro and Ambrogio Contarini* (London: Hakluyt Society Publications, 1873), pp. 58-59.

[85] S. W. R. D. Moseley, trans., *The Travels of Sir John Mandeville* (New York: Penguin, 1983), p. 143.

openness to and appetite for "china," our shorthand term for Chinese-style earthenware or porcelain tableware, a usage that has clear Arabic and Persian analogues and antecedents.[86]

And in the Muslim world itself, the high regard for Chinese arts and crafts was reaffirmed and consolidated by their closer encounter with East Asia during the Chinggisid era. In the post-Mongol period, Ibn Khaldūn willingly ranked the Chinese as the most cultured and clever people of the known world.[87] Even more compelling is the testimony of Giyāth al-Dīn, himself an artist, who visited the early Ming court on an embassy from Shāh Rukh:

> As for stone cutting, wood working, ceramics [gil-kārī], painting, and glazed tile making, there is no one in all these countries [the Muslim East] who can equal them. If only the masters of these lands saw [Chinese work], they would believe and acknowledge the justice [of my judgment].[88]

The elevated reputation of Chinese artisanship and artistry persisted well into the early modern era. A Persian envoy to Siam in the 1680s nicely summed up the Muslim view by declaring that "in all such fields the Chinese excel every nation past and present."[89]

The final question addressed is: how does the Mongolian case fit into longer-term patterns of diffusion, that circulation of ideologies, commodities, and technologies that so characterizes the history of the Old World?[90] That technological innovation spread in the ancient world is evident, for example, in the history of the prestigious chariot, which diffused rapidly, and the lowly wheelbarrow, which moved more slowly but nonetheless widely.[91] The issue of agency again comes to the fore.

---

[86] Thaʿālibī, *Book of Curious and Entertaining Information*, p. 141. For other examples, see Henry Yule and A. C. Burnell, *Hobson-Jobson: A Glossary of Anglo-Indian Words and Phrases* (London: John Murray, 1903), pp. 198-99.

[87] Ibn Khaldūn, *The Muqaddimah*, 3 vols., trans. by Franz Rosenthal (New York: Pantheon Books, 1958), vol. I, p. 122 and vol. II, p.357.

[88] Ḥafīẓ-i Abrū, *A Persian Embassy to China, being an Extract from Zubdat al-tavārīkh*, trans. by K. M. Maitra, repr. (New York: Paragon Book Corp., 1970), p. 86, Persian text and English translation.

[89] John O'Kane, trans., *The Ship of Sulaimān* (New York: Columbia University Press, 1972), p. 204.

[90] Cf. the comments of Lynn White, Jr., "Tibet, India and Malaya as Sources of Western Medieval Technology," *American Historical Review* 65 (1960), pp. 515 and 526.

[91] Victor Mair, "Priorities," in Victor Mair, ed., *The Bronze Age and Early Iron Age Peoples of Eastern Central Asia* (Washington, D.C.: Institute for the Study of Man, 1998), vol. I, p. 10; and M. J. T. Lewis, "Origins of the Wheelbarrow," *Technology and Culture* 35/3 (1994), pp. 453-75.

What moved, the machines or the makers? In other words, to what extent is technology transfer really a matter of technician transfer? In some instances, as we have seen, both are operative: under the Mongols there was a kind of synergy at work that transformed ceramic production in China and Iran.[92]

The nature of these premodern technology transfers is of great concern since such transfers have been made to carry very heavy historiographical burdens, the formation of gunpowder empires for one example, and for another, Needham's assertions that borrowed Chinese inventions propelled Western Europe to global dominance in the Early Modern Age.[93] But while technology has been readily invoked to explain critical transformations and disjunctures in world history, the actual transfer of technical skills on the ground is admittedly difficult to trace. William McNeil believes this is so because literary records are inadequate to the task of tracking diffusion in detail, and also because of the parochialism of the profession and its tendency to specialize, or as he says, "to divide humankind into separate and more or less watertight compartments."[94] I am in full accord with the latter proposition but not as pessimistic about the potential of written sources to provide further data on the cross-cultural exchange of skills.

This is not to say that we will ever be able to document the spread of many individual innovations, but rather that the sources may throw helpful light on important processes such as technician transfer, a phenomenon which on the whole has yet to receive the attention it deserves. How common was this mechanism of exchange? Why did specialists move? Were some kinds of specialists more likely to move than others? The sources, I think, can provide some answers, at least of a general character.

In any discussion of direct human agency in the radiation of innovation, words such as "migration" are likely to come up. But without wishing to deny the role of migration and the importance of demic diffusion, we need to cast a wider net. As Matthews has shown for the Eastern Mediterranean in late antiquity, the human agents of diffusion were quite varied: merchants, envoys, intelligence operatives, political defectors,

---

[92] This point is well made by Priscilla Soucek, "Ceramic Production as an Exemplar of Yuan-Ilkhanid Relations," *Res* 35 (1999), pp. 125-42 and particularly 138.

[93] For a careful assessment, see Robert Finlay, "China, the West, and World History in Joseph Needham's *Science and Civilization in China*," *Journal of World History* 11/2 (2000), pp. 265-303 and particularly 266-67, 279-82, 287-90 and 301.

[94] William H. McNeill, "Diffusion in History," in Peter J. Hugill and D. Bruce Dickson, eds., *The Transfer and Transformation of Ideas and Material Culture* (College Station: Texas A&M University Press, 1988), pp. 76-78.

religious pilgrims, itinerant scholars, as well as "involuntary travelers," principally castaways and hostages.[95] One important category missing from this enumeration is itinerant artisans, who often traveled great distances to ply their craft. Recent research has shown that in the centuries before the Common Era, migrant artisans from the Near East transmitted their skills to Crete and Greece, while others brought their crafts from India to mainland Southeast Asia and still others from the Mediterranean to Northern Europe.[96] In later centuries, churches and states working in combination moved skilled labor across political and cultural boundaries—Indian Buddhist sugar-makers to Tang China and Byzantine glass-makers to Kievan Rus.[97]

To this point, we have been looking at voluntary or semi-voluntary relocation, but what of the forced transfer of artisans from one political jurisdiction to another, from one cultural zone to another, transfers that typically resulted in various forms of dependency, including slavery?[98] This, too, was a fairly common practice among early states, both sedentary and nomadic. In the sixth century the Sasanids seized artisans from Antioch and resettled them within their own domains, and a century later the Khazar Qaghan sent officials into Transcaucasia seeking "various craftsmen skilled

[95] John F. Matthews, "Hostages, Philosophers, Pilgrims and the Diffusion of Ideas in the Late Roman Mediterranean and Near East", in F. M. Glover and R. S. Humphreys, eds., *Tradition and Innovation in Late Antiquity* (Madison: University of Wisconsin Press, 1989), pp. 29-49.

[96] Walter Burkert, *The Orientalizing Revolution: Near Eastern Influence on Greek Culture in the Early Archaic Age* (Cambridge, Mass.: Harvard University Press, 1992), pp. 21-25; Himanshu Ray, *The Winds of Change: Buddhism and Maritime Links of Early South Asia* (Delhi: Oxford University Press, 1998), p. 95; and Peter S. Wells, *Culture Contact and Culture Change: Early Iron Age Europe and the Mediterranean World* (Cambridge University Press, 1980), pp. 58-59, 73-75 and 91-92.

[97] *Xin Tangshu* (Beijing: Zhonghua shuju, 1975), ch. 221a, p. 6239; Tansen Sen, "In Search of Longevity and Good Karma: Chinese Diplomatic Missions to Middle India in the Seventh Century," *Journal of World History* 12 (2001), pp. 9-10 and 24; Daniels, "Agro-Industry: Sugarcane Technology," pp. 368-72; and Thomas S. Noonan, "Technology Transfer between Byzantium and Eastern Europe: A Case Study of the Glass Industry of Early Russia," in Marilyn J. Chiat and Kathryn L. Reyerson, eds., *The Medieval Mediterranean: Cross Cultural Contacts* (Medieval Studies at Minnesota, no. 3; St. Cloud, Minn.: North Star Press, 1988), pp. 105-111.

[98] For an example of enslaved artisans in Inner Asia, see W. Radloff, *Uigurische Sprachdenkmäler*, ed. by S. Malov, repr. (Osnabrück: Biblio Verlag, 1972), pp. 125-26 (doc. 73); and D. I Tikhonov, *Khoziaistvo i obshchestvennyi stroi uighurskogo gosudarstva (X-XIV vv.)* (Moscow-Leningrad: Nauka, 1966), p. 176. For slavery among the nomads, see A. M. Khazanov, *Sotsial'naia istoriia Skifov* (Moscow: Nauka, 1975), pp. 139-48, and Peter B. Golden, "The Terminology of Slavery and Servitude in Medieval Turkic," in Devin DeWeese, ed., *Studies on Central Asian History in Honor of Yuri Bregel* (Bloomington: Indiana University Research Institute for Inner Asian Studies, 2001), pp. 27-56.

in the use of gold and silver, wrought iron and copper."[99] Further to the east the Nanzhao Kingdom seized large numbers of Chinese artisans (*gongqiang*) and in response the Tang authorities mounted an operation to free these captives. This met with success, and in 830 over 4,000 skilled Buddhist and Taoist artisans were returned home.[100]

Much greater distances were traversed by the Chinese prisoners of war taken at the Battle of Talas in 751. And although the famous story of the transfer of paper-making technology to Samarqand has now been challenged, there is no doubt that Chinese prisoners, including painters, weavers, and gold- and silversmiths, worked at Kufa, the ʿAbbāsid capital, for at least a decade.[101]

While this later transfer has some similarities with those of the Mongolian era, there are also striking differences. In the first place, this was a one-time operation. Second, it came about more or less by chance, a by-product of a single military encounter, and not the consequence of imperial policies systematically applied. Neither this nor any of the earlier transfers can match those of the Mongols in magnitude, intensity or scale. Far more comparable are the forced transfers of Temür. As is widely known, in 1398 when Delhi fell, Temür shared out several thousand artisans among his followers; some went to princes and commanders present at the siege, some were sent to officials in other parts of the realm, and a large number of stonemasons (*sang-tirāshān*) were dispatched to Samarqand to build a new mosque.[102] As Beatrice Manz has pointed out, this seizure and resettlement of artisans was part of a larger package, one facet of Temür's studied effort to emulate the achievements of his self-proclaimed model, Chinggis Qan.[103] And, indeed, the episode of the

---

[99] Al-Ṭabarī, *The History of al-Ṭabarī*, vol. V, *The Sāsānids, the Byzantines, the Lakmids, and Yemen*, trans. by C. E. Bosworth (Albany: State University of New York Press, 1999), pp. 254-55, and Movsēs Dasxuranci, *The History of the Caucasian Albanians*, trans. by C. J. E. Dowsett (London: Oxford University press, 1961), p. 104.

[100] *Jiu Tangshu* (Beijing: Zhonghua shuju, 1975), ch. 174, p. 4519.

[101] Thaʿālibī, *Book of Curious and Entertaining Information*, p. 140; Tsien Tsuen-hsiun, *Paper and Printing*, in Joseph Needham, ed., *Science and Civilization in China*, vol. V, pt. 1, *Chemistry and Chemical Technology* (Cambridge University Press, 1985), pp. 296-98; Jonathan M. Bloom, *Paper before Print: The History and Impact of Paper in the Islamic World* (New Haven: Yale University Press, 2001), pp. 8-9 and 38-45; and Paul Pelliot, "Des artisan chinois à la capitale Abbaside en 751-762," *T'oung-pao* 26 (1928), pp. 110-12.

[102] Sharaf al-Dīn ʿAlī Yazdī, *Zafar-nāmah*, ed. by M. ʿAbbasī (Tehran: Chap-i rangin, 1957), vol. II, p. 96. Cf. also Giyāsaddīn ʿAlī [Ghiyāth al-Dīn ʿAlī], *Dnevnik pokhoda Tmūra v Indiiu*, trans. by A. A. Semenov (Moscow: Izdatel'stvo vostochnoi literatury, 1958), p. 125, and Clavijo, *Embassy to Tamerlane*, pp. 134 and 286-87.

[103] Beatrice Forbes Manz, "Tamerlane's Career and Its Uses," *Journal of World History* 13/1

(*continued on next p.*)

transported stone-cutters was long remembered, as intended, among his political successors and descendants.[104] Still, it is fair to say that the Chinggisids' reach was the greater and that the Mongols had established a new benchmark.

The same can be said of the technician transfers generated by the Mongols' military mobilization of skilled labor. Such drafts, of course, were certainly not unprecedented. Already in the fourth century BCE the tyrant of Syracuse, campaigning in North Africa, commandeered skilled workmen from Italy, Greece and Carthage to build ships and weapons.[105] And after the Mongols, nomadic polities such as the Kazakhs frequently seized urban-based artisans to make gunpowder weapons for them.[106] These measures, however, were regional, not continental, in scope. To the best of my knowledge, there is nothing comparable to the transfer of the Chinese artisans/artillerymen to Iran and the Il-qans' subsequent dispatch to Yuan China of trebuchet specialists who, we know, were ordered to teach their craft to locals.[107]

In their systematic search for talent and their transcontinental reach, the Mongols had no real predecessors, no established models to follow. But if we turn now from the mechanisms of technological transfer to that of motives, the picture changes dramatically. By and large the Chinggisids' purpose in moving artisans around was firmly embedded in ancient imperial tradition and in no sense represents a departure.

The failure of premodern societies to fully exploit the economic potential of new mechanical devices and new sources of power, such as steam, has long drawn comment and censure from historians of technology and economics. For an earlier generation of scholars it was simply a matter of the ancients not feeling the need for sources greater than those already known and in use.[108] More recently it has been argued that much early innovation was "induced" by states and elites, and directed toward non-productive ends—weaponry, religious display and entertainment. The direction of technology was not then a question of "inventiveness" but of a

---

(2002), pp. 1-25 and particularly 5.

[104] Ẓahir al-Dīn Muḥammad Bābur, *The Bābur-nāma in English*, trans. by Annette Susannah Beveridge (London: Luzac, 1969), pp. 77 and 520.

[105] *Diodorus Siculus*, trans. by C. H. Oldfather (Cambridge, Mass.: Harvard University Press, 1960), XIV.41.2-3.

[106] A. Sh. Kadyrbaev, *Sakskii voin – simvol dukha predkov* (Almaty: Kazak entsiklopediiasy, 1998), pp. 82-83.

[107] For more on these matters, see Thomas T. Allsen, "The Circulation of Military Technology in the Mongolian Empire," in Nicola DiCosmo, ed., *Warfare in Inner Asian History (500-1800)* (Leiden: Brill, 2002), pp. 265-93.

[108] Arthur Vierendeel, *Esquisse d'une histoire de la technique* (Paris: Vromant & Co., 1921), vol. I, p. 38.

differing "structure of rewards" that existed in the premodern world.[109] Thus, "macro inventions," major conceptual breakthroughs such as Heron's steam engine, were not subject to discrete, incremental changes, "micro inventions," that permit productive application. In their own day these economically sterile inventions attracted attention for their remarkable "effects" and mainly served as diversions, intriguing toys.[110]

A sustained and systematic effort to employ new technology for purely economic ends is a relatively recent phenomenon. In the mid-sixteenth century, English commercial agents in Moscovy and Persia were ordered to acquire specimens of industrial materials, investigate local technology, question local artisans and, if possible, procure skilled labor to bring back to England.[111] For the most part, however, it was the technologies not the technologists that underwent extended interrogation in the West.[112] The classic example is the Europeans' centuries-long interrogation of Chinese porcelain, which was finally duplicated, with the aid of industrial intelligence supplied by the Jesuits, in the early eighteenth century.[113] Here, clearly, market forces were driving technological transfer. But even in this age, this was probably not the dominant influence. As Carlo Cipolla has argued, the diffusion of technology in Early Modern Europe was still driven by cultural preferences and concerns for political prestige rather than by economic calculation.[114]

This was manifestly true for the Mongolian Empire, as a closer examination of their motives for transfers reveals. The most visible of these was the drinking fountain built in Qara Qorum. The first thing to note about this device is that it was topped by a large silver tree which certainly represented the Tree of Life. In the ancient Near East the ruler was closely

---

[109] E. L. Jones, *Growth Recurring: Economic Change in World History* (Oxford University Press, 1988), pp. 62-71. Cf. also Johan Goudsblom, Eric Jones and Stephen Mennell, *The Course of Human History: Economic Growth, Social Process, and Civilization* (Armonk, N.Y.: M. E. Sharpe, 1996), p. 92; and J. G. Landels, *Engineering in the Ancient World* (Berkeley: University of California Press, 1978), p. 29.

[110] Joel Mokyr, *The Levers of Riches: Technological Creativity and Economic Progress* (Oxford University Press, 1990), pp. 12-13. See also Roland Dixon, *The Building of Culture* (New York: Charles Scribner's Sons, 1928), p. 61.

[111] Richard Hakluyt, *Voyages* (New York: Dutton, 1962), vol. I, p. 384 and vol. II, pp. 202-03.

[112] As Arnold Pacey argues, recipient cultures always "interrogate" introduced technology "on the basis of their own experience and knowledge of local conditions." See his *Technology in World Civilization: A Thousand Year History* (Cambridge, Mass.: MIT Press, 1991), pp. vii-viii.

[113] Martin Schönfeld, "Was There a Western Inventor of Porcelain?" *Technology and Culture* 39/4 (1998), pp. 716-27.

[114] Carlo M. Cipolla, "The Diffusion of Innovations in Early Modern Europe," *Comparative Studies in Society and History* 14 (1972), pp. 46-52.

identified with the Tree of Life, which had the power to invigorate, renew and extend life, a mythology later taken over by steppe peoples.[115] More specifically, early Mongolian rulers, according to Carpini and other travelers, were much preoccupied with the power of trees to increase longevity. To this end, Ögödei and Qubilai embarked on programs of tree planting to lengthen their lives.[116] Not surprisingly then, an automaton in the form of the Tree of Life dispensing alcoholic drinks had great appeal to the Chinggisids. This technology travelled because it was attractively packaged and culturally relevant.

The practical function of the fountain also rested on older tradition. A large amount of technical ingenuity was invested in dispensing of beverages. Early Arab technological literature is preoccupied with such contrivances, and imperial courts often delivered drink to guests in this fashion. A ninth-century Arab account at Constantinople describes a large "drinking machine" near the palace that dispensed wine through animals' mouths in response to the emperor's subtle signal.[117] This, of course, added to the mystery and therefore the majesty of the ruler. And this, I believe, takes us to the heart of the matter, to the real attraction of automata. It is probably true to say that in premodern times automata, with their valves, gears, and other sophisticated control mechanisms, were that period's "high tech," but a technology primarily used to produce "effects," not goods. The key to their success, their ability to amaze, is some kind of concealed device or mechanism that imparts motion to inanimate objects, e.g., the trumpeter in the Tree of Life, and in the pre-machine age such inexplicable motion constituted what Nelson correctly terms "the miracle of self-propulsion."[118] The impact on early audiences is partially revealed in the fact that in many languages the words for mystery, secret and machine are closely associated.[119]

---

[115] Geo Widengren, "The King and the Tree of Life in Ancient Near Eastern Religion," *Uppsala Universitets Årsskrift* 4 (1951), pp. 20-58; and Jean-Paul Roux, *La religion des turcs et des Mongols* (Paris: Payot, 1984), pp. 172-74.

[116] Dawson, *Mongol Mission*, p. 13; and Marco Polo, *Description*, p. 249.

[117] A. A. Vasiliev, "Harun-Ibn-Yahya and His Description of Constantinople," *Seminarium Kondakovianum* 5 (1932), 156-57.

[118] Alan A. Nelson, "Mechanical Wheels of Fortune," *Journal of the Warburg and Courtauld Institutes* 43 (1980), pp. 227-37, quote on 228.

[119] In Old French the word *secret* also has the meaning of "*moyen caché de produire certains effets,*" and of "*mechanisme.*" See Frederic Godefroy, *Dictionnaire de l'ancienne langue française* (Paris: F. Vieweg, 1902), vol. X, p. 647. So, too, does the Chinese, *ji,* Matthews, #411, which has a similar semantic range, "motion," "mechanism" and "secret." In Arabic the word *ḥiyal,* "device," like its English equivalent, means "trick," "ruse," "subterfuge" as well as "mechanism." See R. Dozy, *Supplément aux dictionnaires arabes* (Leiden: E. J. Brill, 1881), vol. I, p. 341.

The conclusion that one can draw from this data is that high technology and technician transfers had more to do with the political culture of empires than with the political economy of empires.[120] The Mongols, clearly, were no exception to this rule. They fully embraced the inherited tradition and continued the very ancient practice of surrounding themselves with artisans and the products of their skilled hands. This was true of mythical rulers such as Semiramis and of historical figures such as the Achaemenid emperor Darius (r. 521-481 BCE), who boasted in an inscription of the "international" team of artisans who built Susa.[121] And in more recent times this association was still strong. The establishment of a workshop was seen as an attribute of kingship and as a signal of one's political pretensions in the Perso-Islamic and Turko-Mongolian world of the sixteenth century.[122]

Central Eurasia has long been viewed as a corridor of exchange and more recently, and quite correctly, as a zone of innovation. It is now clear, for instance, that in the technology of transportation and associated skills such as wood-bending, the peoples of the steppe were active participants in the development of many ancient and basic innovations. And whatever role one chooses to emphasize, that of transporter or of innovator, there can be no doubt that the inhabitants of Central Eurasia, both nomadic and sedentary, have an honorable place in the history of the technology and material culture of the Old World.[123]

In conclusion, there are two points to make regarding the Mongols' place in the history of technology and cultural exchange. First of all, it should be borne in mind that the Mongols did not set out to create a new information circuit but to fulfill an ancient ambition, universal empire. And consequently it is true that many of the important contacts and exchanges

---

[120] On the close association of automata with royalty, see the comments of K. A. C. Creswell, "Dr. F. R. Martin's M.S. 'Treatise on Automata'," in Arthur Waley, ed., *The Year Book of Oriental Art* (London: Ernest Benn, 1925), vol. I, pp. 33-40.

[121] *Diodorus Siculus*, II.7.2; Roland G. Kent, *Old Persian: Grammar, Texts, Lexicon*, 2nd ed. rev. (New Haven: American Oriental Society, 1953), p. 144; and Carl Nylander, "Achaemenid Imperial Art," in Mogens Trolle Larsen, ed., *Power and Propaganda: A Symposium on Ancient Empires* (Copenhagen: Akademisk Forlag, 1974), pp. 345-59.

[122] Ẓahir al-Dīn, *Bābur-nāma*, p. 119.

[123] For differing views, see Joseph Needham, "Central Asia and the History of Science and Technology," in his *Clerks and Craftsmen in China and the West* (Cambridge University Press, 1970), pp. 30-39; Ruth Meserve, "On Medieval and Early Modern Science and Technology in Central Eurasia," in Michael Gervers and Wayne Schlepp, eds., *Cultural Contact, History and Ethnicity in Inner Asia* (Toronto Studies in Central and Inner Asia, no. 2; Toronto: Joint Centre for Asia Pacific Studies, 1996), pp. 49-70; and Peter Alford Andrews, *Felt Tents and Pavilions: The Nomadic Tradition and its Interaction with Princely Tentage* (London: Melisende, 1999), vol. I, pp. 7-29.

that arose from their quest were unintended. To be sure, Chinese were taught West Asian weaving techniques on Mongolian orders. But many of these long-distance cultural transactions, the fertile exchanges of materials, motifs, and skills, happened spontaneously among artisans and artists placed in new cultural contexts and exposed to new possibilities. They were realized because, as has been often pointed out, material culture moves more readily than spiritual-intellectual culture. Specialists who worked with their hands and with materials—artillerymen, engineers, artists, and artisans—were more flexible, more open to the new and alien than those who "worked" with their heads, scholars tied to cosmological constructs and who appear, at least in the history of East-West exchange, to be the more resistant to change, the more conservative elements in their respective cultures.

Second, I believe we should reformulate our notions about cultural exchange between the steppe and the sown. We are accustomed to thinking about Chinese, Tibetan, or Muslim influence among the nomads. Such formulas have validity of course but leave a misleading impression; placed in such a framework the nomads appear as passive recipients, overcome by wily, culturally more sophisticated neighbors and rivals. To my mind, it is more helpful to think in terms of the nomads' active and selective appropriation of sedentary culture, material and spiritual. This, indeed, is what the Mongolian Empire did on a continental scale: it appropriated, according to its own measures and predilections, the rich cultural wares of its highly diverse subject population. And in so doing, the Empire of the Great Mongols functioned as the cultural clearing-house for Eurasia on the eve of Europe's maritime expansion, which, in its time, created a truly global network of exchange.

April 13, 2002

www.ingramcontent.com/pod-product-compliance
Ingram Content Group UK Ltd.
Pitfield, Milton Keynes, MK11 3LW, UK
UKHW051902270225
455667UK00008B/113